事業者必携

民泊ビジネスのための手続【届出・登録・許可申請】と書式実践マニュアル

行政書士
服部 真和 監修

三修社

本書に関するお問い合わせについて

本書の記述の正誤に関するお問い合わせにつきましては、お手数ですが、小社あてに郵便・ファックス・メールでお願いします。大変恐縮ですが、お電話でのお問い合わせはお受けしておりません。内容によっては、お問い合わせをお受けしてから回答をご送付するまでに１週間から２週間程度を要する場合があります。

なお、本書でとりあげていない事項についてのご質問、個別の案件についてのご相談、監修者紹介の可否については回答をさせていただくことができません。あらかじめご了承ください。

はじめに

本書は、住宅宿泊事業届出から住宅宿泊管理事業者登録、旅館業の手続きまで、民泊運営のための手続きと書式を集約させた指南書です。

「住宅宿泊事業法」は2018年に成立した新しい法律です。この法律が成立するまでに「民泊の解禁」といった表現が多用されたことや、「旅館業法」という法律の名称が、大規模な宿泊施設をイメージすることもあり、民泊ビジネスに参入する人の中には、「民泊＝住宅宿泊事業法」という思い込みのある人もいるようです。しかし、民泊を考える際には、旅館業法と住宅宿泊事業法の両方の理解が必要になります。

本来、民泊とは「一般の住居に泊まること」を総称して用いられてきた用語で、住宅宿泊事業法の施行前から、住居用の建物を用いて旅館業法の許可を取得し、適法に民泊ビジネスが行われてきました。むしろ、適法に旅館業法を取得できない建物（建築基準法の問題や、マンションの一室など）で営業をしようとする者に対する救済措置として制定されたのが住宅宿泊事業法であり、住宅宿泊事業法は旅館業法の特別法に近いニュアンスを持っています。住宅宿泊事業法の施行後も、営業日数の問題や自己管理のしやすさなどを理由に、住宅宿泊事業法ではなく旅館業法の許可による民泊ビジネスを選択するケースも多くあります。

本書では、これら民泊を理解するために必須となる「旅館業法」「住宅宿泊事業法」に基づく手続きと書式を多数掲載しています。さらに民泊を事業として行うために避けられない建築基準法や消防法などの関連法令についても取り上げています。

すでに営業を行っている民泊事業者をはじめ、事業開始予定者、それらを支援する行政書士、建築士など民泊に関わるすべての皆様に、広く本書をご活用頂ければ、監修者として幸いです。

監修者　行政書士　服部　真和

Contents

第４章　旅館業の手続きと書式

第1章

住宅宿泊事業法の手続きと書式

住宅宿泊事業届出　必要書類一覧

○印…必ず提出する書類　△印…必要に応じて提出する書類

種　別		必要書類	個人（家主居住型）	個人（家主不在型）	法人
届出書		（第一面）	○	○	○
		（第二面）	○	○	○
		（第三面）	○	○	○
		（第四面）	○	○	○
		（第五面）	○	○	○
届出住宅関連		住宅の図面	○	○	○
	生活の本拠家屋	住民票	△	－	－
	入居者募集家屋	入居者の募集が行われていることを証する書類	△	△	△
	随時居住家屋	随時、居住の用に供されていることを証する書類	△	△	△
		住宅の登記事項証明書	○	○	○
	届出者が賃借人	賃貸人の承諾書	△	△	△
	届出者が転借人	賃貸人の承諾書と転貸人の承諾書	△	△	△
	共同住宅	管理規約等	△	△	△
		管理組合に民泊を禁止する意思がないことを確約した誓約書	△	△	△
届出者関連	法人	定款または寄付行為	－	－	○
	法人	法人登記事項証明書	－	－	○
	本人や役員	身分証明（行政証明）	○	○	○
	本人や役員	欠格事由に該当しないことの誓約書	○	○	○
	未成年の場合	法定代理人の登記事項証明書	△	△	△
	海外在住の個人	外国政府等が発行した書類	－	△	－
		委任状	－	△	－
	外国法人	外国政府等が発行した書類	－	－	△
		委任状	－	－	△
その他		消防法令適合通知書	○	○	○
		住宅宿泊管理受託標準契約書	－	○	○
		周辺図又は位置図	△	△	△
		住宅宿泊事業法の安全措置に関するチェックリスト	△	△	△
		周辺住民等へ説明を行ったことを報告する書類	△	△	△

必要書類	備考
（第一面）	様式使用
（第二面）	様式使用。法定代理人がいる場合に記載。いない場合は「該当なし」と記載
（第三面）	様式使用。法人で役員がいる場合に記載。それ以外は「該当なし」と記載
（第四面）	様式使用。「住宅に関する事項」は必須。
（第五面）	様式使用
住宅の図面	様式使用
住民票	住民登録地の市区町村役所
入居者の募集が行われていることを証する書類	募集広告の写し、賃貸不動産紹介サイトページの写し、レインズ登録証明書、不動産情報ポータルサイト報告書等
随時、居住の用に供されていることを証する書類	別荘利用などの場合に提出。届出住宅と自宅の間の公共交通機関の往復の領収書の写し、届出住宅周辺の商店で日用品を購入した際のレシートなど
住宅の登記事項証明書	法務局
賃貸人の承諾書	写しの場合、原本に相違ないことの証明が必要
賃貸人の承諾書と転貸人の承諾書	写しの場合、原本に相違ないことの証明が必要
管理規約等	
管理組合に民泊を禁止する意思がないことを確約した誓約書	管理規約等で、民泊についての定めがない場合（様式使用）
定款または寄付行為	「現行定款に相違ない」証明
法人登記事項証明書	法務局
身分証明（行政証明）	破産手続開始の決定を受けて復権を得ない者に該当しないことを証明した書面（本籍地の市区町村役所）。外国籍の届出者も必要。
欠格事由に該当しないことの誓約書	様式使用
法定代理人の登記事項証明書	法務局
外国政府等が発行した書類	本国の住民票に相当する書類と翻訳、本国で認証を受けた宣誓供述書等
委任状	本人のサイン証明等
外国政府等が発行した書類	本国の法人登記事項証明に相当する書類と翻訳、本国で認証を受けた宣誓供述書等
委任状	外国会社の代表者のサイン証明書等
消防法令適合通知書	管轄の消防署より取得（自治体によっては不要）
住宅宿泊管理受託標準契約書	国土交通省に登録している管理業者との契約に限られる
周辺図又は位置図	届出住宅の場所がわかるものや、用途地域の確認できるもの、周辺住民に説明した範囲のわかるものなど、届出住宅を管轄する自治体によっては求められる
住宅宿泊事業法の安全措置に関するチェックリスト	届出住宅を管轄する自治体によっては、添付書類としている場合がある
周辺住民等へ説明を行ったことを報告する書類	届出住宅を管轄する自治体によっては、添付書類としている場合がある

※必要書類は、自治体によって異なることがあります。

1 住宅宿泊事業法とは

住居を使って宿泊事業を行うことができる法律

どんな事業が対象なのか

住宅宿泊事業法は、その名前のとおり「住宅宿泊事業」に関する法律です。住宅宿泊事業は、これまで法律で明確に定義されていなかった「民泊」を定義づけたものと考えることもでき、従来の旅館業法上で規定されていた「旅館営業」「ホテル営業」「簡易宿所営業」「下宿」のいずれにも属さない営業方法となります。

具体的には、住宅を１日単位で宿泊料を得て年間180日を超えない範囲で反復継続して行う営業行為を指します。

また、住宅宿泊事業はもちろん、これまでの旅館業法では対象とされてこなかった民泊運営管理代行業者（住宅宿泊管理業者）や、「Airbnb」や「Booking.com」などの民泊仲介サイト（住宅宿泊仲介業者）についても、その業務内容や義務、手続き、行政の監督権限などを定めています。

旅館業法との違いは何か

住宅宿泊事業法は、これまで旅館業法上の営業許可を取得できない営業行為への対策として制定された一面があります。したがって旅館業法と住宅宿泊事業法には大きな相違点がいくつも見受けられますが、中でも比較されやすい特徴を取り上げると、まず法律自体の目的の違いが挙げられます。

旅館業法は主に公衆衛生に焦点をあてているのに対して、住宅宿泊事業法は、観光客の来訪や滞在を促進することに加え、これにより影響を受ける国民生活の安定と国民経済の発展に寄与することも考えています。そのため、旅館業法では規定のない地域住民に対する事業者の苦情対応や、ゲストが騒音などの迷惑行為を行わないための説明義務などが規定されています。関連して家主が居住（同居）しない営業など、一定の条件に該当すると、国土交通省に登録された管理業者に管理業務を外部委託しなければなりません。

また、旅館業法は許可制であり、行政に裁量する余地がありますので、申請が拒否される場合もありますが、住宅宿泊事業法上の手続きは届出や登録であり、行政による裁量の余地がありません。

他に具体的なものとして、旅館業法では課題になりやすかった玄関帳場（フロント）の設置が住宅宿泊事業法では前提とされておらず、代わりに家主（事業者）の居住・非居住（１～２時間以上の不在）の区別が重要視されています。

■ 住宅宿泊事業法全体の枠組

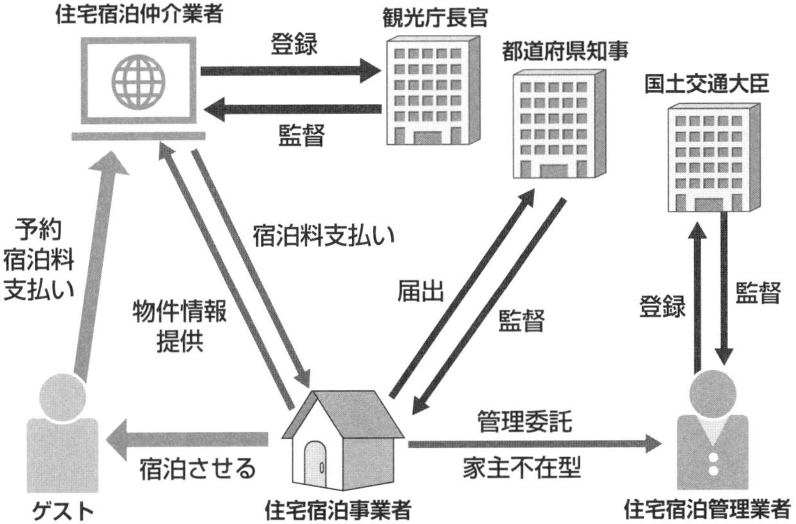

さらに、換気・採光・照明といった衛生措置に関する構造に関する規定が住宅宿泊事業法では厳格化されていません。

住宅宿泊事業法の全体像

住宅宿泊事業法は、民泊ビジネスを「家主居住型」と「家主不在型」に区別し、民泊事業者（住宅宿泊事業者）と、民泊運営管理代行業者（住宅宿泊管理業者）、民泊仲介サイト（住宅宿泊仲介業者）それぞれに対する規制内容、適正な管理や安全面・衛生面の確保、手続きの方法、その他民泊の実情を国が把握できるしくみを定めています。

住宅宿泊事業者は、都道府県知事に届出を行います。また、住宅宿泊事業者には営業の適正な遂行のための措置として衛生確保措置、ゲストに対する騒音防止のための説明、地域住民に対する苦情対応、宿泊者名簿の作成・備付け、標識の掲示等が義務付けられています。都道府県知事は、住宅宿泊事業者に対して監督を実施します。

住宅宿泊管理業者とは、住宅宿泊事業者のうち、家主が居住しない場合や、非居住（１～２時間以上の不在）で営業する場合に管理の委託を受ける事業で、国土交通大臣に登録している者です。

住宅宿泊管理業には営業の適正な遂行のための措置として、住宅宿泊事業者への契約内容の説明や、衛生確保措置、騒音防止のための説明、苦情への対応、宿泊者名簿の作成・備付けなどが義務付けられます。国土交通大臣は、住宅宿泊管理業者に対して監督を実施します。

2 住宅宿泊事業の届出に必要な要件

営業開始前に届出をしなければならない

基本的な特徴

住宅宿泊事業の届出を考える際に、もっとも重要なのは、旅館業の許可とは違い、「人を宿泊させる日数が180日を超えない」という点です。住宅宿泊事業法は、前提としては旅館業の要件に至らない事業に対する規制緩和の側面がありますが、あくまで「賃貸物件の空室リスク対策の選択肢として、高い利回りも期待できる民泊という手段を取りうる」という、補助的な事業の位置づけとして考えられていることが日数の制限に表れています。

この180日の算定方法ですが、毎年４月１日正午～翌年４月１日の正午までの間で、人を宿泊させた人数となっており、正午から翌日の正午までの期間を１日としてカウントします。

国土交通省が策定したガイドラインでは、「宿泊料を受けて住宅に人を宿泊させた実績があれば、短期間であるか、日付を超えているかどうかは問わず、１日と算定される」とも説明しています。このことから正午のチェックインであろうと、午後16時のチェックインであろうと、翌日の正午までにチェックアウトした場合、同じ１日としてカウントすることになります。

住宅宿泊事業法は、民泊という概念を前提に、そのまま法律に落とし込んでいますので、旅館業法との大きな違いとして、建物の用途は「住宅」のままで事業を行うという点が挙げられます。建物用途の「住宅」とは厳密にいうと「住宅」「長屋」「共同住宅」「寄宿舎」です。

特に「共同住宅」と「寄宿舎」は、言いかえればマンションやアパートの一室で民泊を適法に行いうるという点が大きな特徴です。
ただし、分譲住宅で住宅宿泊事業を行う場合、届出時に「管理組合などの管理規約で民泊が禁止されていないことを証明する書類」の添付が求められます。ところが、割合的にマンションなどでは、民泊使用を不可とする一文が管理規約で明記されていることが多いため、注意が必要です。
管理規約に民泊についての定めがない場合は、追加で管理組合に住宅宿泊事業を営むことを禁止する意思がないことを確認し、その内容を証する書類提出が必要になります。

施設に関する要件

住宅宿泊事業は、住宅を活用した営業ですので、当然「住宅＝施設」に関する要件が大部分を占めます。住宅宿泊事業に使用することができる住宅は「人の居住の用に供されていると認められる家屋」と定められていますが、これはさらに住宅宿泊事業法施行規則で「現に人の生活の本拠として使用されている家屋」「入居者の募集が行われている家屋」「随時その所有者、賃借人、転借人の居住の用に供されている家屋」に区分されています。
「現に人の生活の本拠として使用されている家屋」とは、現に特定の者の生活が継続して営まれている家屋で、住宅宿泊事業の届出をしようとする者の住民票上の住所とされていれば、当然に営業することが可能です（これを家主居住型といいます）。
一方で住民票上の住所とは別の住宅（生活の本拠としていない住宅）の所有者が住宅宿泊事業の届出をしようとする場合（これを家主不在型といいます）は、「入居者の募集が行われている家屋」か「随時その所有者、賃借人、転借人の居住の用に供されている家屋」のいずれかでなければなりません。
ただし、広告などで申込がなされないような相場にそぐわない条件掲示による入居者の募集は、入居者の募集が行われているふりであって、実際は民泊等の投資目的の施設と判断されるため、住宅宿泊事業の届出はできません。しかし、「随時その所有者、賃借人、転借人の居住の用に供されている家屋」について、ガイドラインでは「少なくとも年１回以上は使用しているものの、生活の本拠としては使用していない家屋（別荘など）」の届出が認められるとしているため、こちらの要件は緩やかだといえます。また、相続をしたものの現在居住しておらず、将来は住居として活用しようと思っている建物を一時的に住宅宿泊事業として活用することもでき、使用しやすさの落差はあるといえます。

なお、届出の対象となる住宅であっても、家屋内に台所、浴室、便所、洗面設備などが備わっていなければならないとされていますが、これらの設備は、必ずしも１棟の建物内に設けられている必要はありません。たとえば、京都の町家などによく見られる浴室のない「離れ」についても、浴室のある同一敷地内の「母屋」と併せて一つの「住宅」として届出が可能です。

それ以外にも、これらの設備は必ずしも独立している必要はなく、３点ユニットバスのように、一つの設備が複数の機能（浴室、便所、洗面設備）を有している場合も届出が可能です。

また、旅館業法では中心的課題であった客室床面積の考え方もある程度、踏襲されています。住宅宿泊事業においても居室の宿泊者１人当たりの床面積を、3.3㎡以上確保しなければならないので、旅館業法同様に、壁の内側で測られた建物の面積である「内寸面積」により算定することになります。

事業者に関わる要件

住宅宿泊事業を営もうとする者は、住宅宿泊事業法４条に定める欠格事由に該当していない必要があります。該当してはいけないそれぞれの欠格事由は以下のとおりです。

①　破産手続開始の決定を受けて復権を得ない者
②　事業廃止を命じられ、３年を経過しない者
③　刑罰等の執行後、３年を経過しない者
④　暴力団員等
⑤　未成年者で法定代理人が①～④のいずれかに該当するもの
⑥　法人で、役員のうち①～④のいずれかに該当する者があるもの
⑦　暴力団員等がその事業活動を支配する者

なお、以前は精神上の障害により、事理を弁識する能力を欠く者や著しく不充分な者（具体的には、認知症やアルツハイマーなど）が欠格事由とされていましたが、2016年に成立した成年後見制度利用促進法を受けて、削除など見直しが進められました。届出を行う場合は、欠格事由に該当していないことを証する書類や誓約書などを添付する必要があります。

営業形態ごとの要件

住宅宿泊事業では事業者である家主が居住している場合の「家主居住型」、届出しようとする住宅を生活の本拠としていない事業者が行う「家主不在型」という２種類の営業形態がありますが、これら営業形態ごとに課される義務はそれぞれ異なります。

まず、民泊の起源ともいえるホスト自身の自宅の一部を提供することが通常であった「ベッド・アンド・ブレックファスト」に基づき、住宅宿泊事業法も「家主居住型」を原則として考えています。この家主居住の「居住」の要件が問題となりますが、住宅

宿泊事業法11条では、「住宅宿泊事業者は…届出住宅に人を宿泊させる間に不在となるときには住宅宿泊管理業者に委託（この場合、家主不在型になる）しなければならない」と定めているため、住宅宿泊事業者が「不在」にあたると判断されるのがどのような場合を指すのかが重要です。

この要件はさらに住宅宿泊事業法施行規則９条３項に規定に「日常生活を営む上で通常行われる行為に要する時間の範囲内」という定めがあり、ガイドラインでは、この日常生活を営む上で通常行われる行為」について、生活必需品の購入等を想定したものとされており、地域の事情等を考慮し、一概に定めることは適当ではないとしつつも、「原則１時間～２時間程度までの範囲」と説明があります。つまり、副業としての住宅宿泊事業は、特殊な事業がない限り「家主不在型」になると考えられます。

続いて「家主不在型」の要件ですが、最も重要なものとして、住宅宿泊事管理業者に管理業務を委託しなければならないことが挙げられます。また、「家主不在型」の場合は高度なゲストの安全確保が重要となることから、ホテル・旅館業並みの非常用照明器具、自動火災報知設備といった消防設備の設置、避難経路の表示などが必要になります（家主居住型も宿泊室の面積が50㎡を超える場合は同様)。

住民の生活環境保全に関する義務

住宅宿泊事業法は、急増する訪日外国人観光客のニーズと大都市部での宿泊需給の逼迫状況等に対応するため、民泊の適正な運営を確保することを念頭に置いていますが、これまでの民泊ビジネスに起因した近隣住民とのトラブルが少なからず発生し、社会問題化していたことが背景にあるため、周辺地域の生活環境への悪影響の防止対策が義務化されています。これは、従来の旅館業法では義務化されていなかった重要なルールです。具体的には住宅宿泊事業法施行規則第８条に「騒音防止」「ゴミの処理に関する配慮」「火災の防止」という項目が挙げられています。

また、住宅宿泊事業者はこれらの注意事項について外国人のゲストに対して外国語による説明義務が課され、その他、周辺地域の住民からの苦情、問い合わせに適切かつ迅速に対応しなければならないものとされています。これは深夜早朝を問わず、常時、応対することや電話により対応する必要があります。宿泊者が滞在していない場合であっても同様です。なお、住宅宿泊事業により発生したゴミですが、廃棄物処理法に従って、産業廃棄物（事業活動に伴って生じたゴミ）として産業廃棄物収集運搬業許可などを有する事業者に処理を委託する必要があります。

その他の義務

まず、施設を利用するゲストに配慮して「定期的な清掃や衛生の確保」と「安全確保措置」が求められます。

「定期的な清掃や衛生の確保」はガイドラインでは、「設備や備品等については清潔に保ち、ダニやカビなどが発生しないよう除湿を心がけ、定期的に清掃、換気等を行うこと」「寝具のシーツ、カバー等直接人に接触するものについては、宿泊者が入れ替わるごとに洗濯したものと取り替える」といった宿泊施設では必須の具体的な方向性が示されています。

安全確保措置とは、施設に関する要件で触れた非常用照明器具の設置をはじめ、避難経路の表示などです。また、災害が発生した場合におけるゲストの安全確保（たとえば、施設の大きさに合わせた耐火措置など）などがあります。その他、ゲストが外国人である場合に、快適かつ利便性の高い時間を過ごしてもらえるよう、外国語による設備の説明や移動・交通手段の説明、火災などの災害が発生した場合に備えた通報連絡先の表示などがあります。

他にゲストに関する義務としては、旅館業法と同じく宿泊名簿の備え付け義務があります。宿泊名簿にはゲストの氏名、住所、職業、宿泊日、（外国人の場合）国籍・旅券番号などを記録し、３年間保存しなければなりません。ゲストに関するもの以外で特徴的なものとしては標識の掲示義務と都道府県知事への定期報告義務があります。標識とは住宅宿泊事業者の連絡先や届出番号などが表示された掲示物で、ガイドラインでは、届出住宅の門扉、玄関などの、地上1.2m以上1.8m以下で、公衆が認識しやすい位置に掲示することが望ましいとしています。

また、都道府県知事への定期報告では、今後運用が予定されている民泊制度運営システムを利用して（都道府県ごとに例外あり）、一定期間の「宿泊日数」「宿泊者数」「延べ宿泊者数」「国籍別の宿泊者数の内訳」などを報告することになります。

■ 家主居住型と家主不在型の比較

	家主居住型	家主不在型
特徴	届出住宅に住民票有（生活の本拠）１～２時間以上不在とならない	生活の本拠としていないゲストを宿泊させる間、不在となる
イメージ	ホームステイ・下宿	投資・賃貸物件の転用
管理者	事業者自身	管理業務を委託した住宅宿泊事管理業者
消防設備	通常の住宅と同等の設備（宿泊室 50 ㎡以下の場合）	旅館業と同等の設備
例外	届出住宅の居室が５室を超えるときは、住宅管理業者に管理業務の委託が必要	住宅宿泊事業者の生活の本拠とする住宅と届出住宅（居室合計が５室以下）が、同一の建築物内もしくは敷地内にあるときまたは隣接しているときは住宅管理業者への管理業務委託が不要

3 手続きの全体像と必要書類

住宅宿泊事業届出と住宅宿泊管理業登録の手続き

住宅宿泊事業届出の流れ

住宅宿泊事業は、旅館業の許可とは異なり、届出となっています。許可は、法令で一般的に禁止されている行為について、行政の許可を得ることで禁止が解除されます（営業をしてもよくなります）。一方で、届出は、届出をする行為そのものにより、一定の行為を適法に行えます（営業をしてもよくなります）。

このことから、厳密に言えば、届出をした後は、即日営業開始が可能になるはずですが、住宅宿泊事業法では都道府県知事より通知される「届出番号」を記した標識を掲げる義務があり、また、内容に虚偽があった場合の罰則などもあるため、実際には許可に近い運用になることが予想されます。

これらをふまえて住宅宿泊事業届出の流れを説明していきます。

①　事前相談

前述した虚偽の届出を予防する目的だけでなく、成立間もない法律であることもあり、自身が行いたい事業が住宅宿泊事業法の定める要件をクリアできるのか、営業開始前、開始後にどのような点に注意すればよいのかなどをしっかり届出窓口に相談しておく必要があります。後述するように住宅宿泊事業法は、条例の内容が地域の実状に応じて異なって規制されている側面が強く、届出窓口に詳細を確認しておく方が安心です。

住宅宿泊事業の届出は都道府県知事に行うものとされていますが、実際の窓口は事業を行いたい所在地を所管する保健所や保健センター（またはこれらの機関より委託を受けた指定機関）となっています。

②　要件の確認と工事

法律、施行規則、省令、ガイドライン、条例を前提に事前相談で明らかとなった諸要件をクリアするように体制構築や工事、その他の準備を行います。

体制構築面では、「宿泊名簿を備え付ける方法（帳簿か、電磁的記録による方法）」「外国宿泊者に対する快適性と利便性の確保」として外国語による設備使用方法説明書、交通手段の説明書、災害時の連絡先案内などを備えます。また、周辺地域の生活環境への悪影響の防止対策として、ハウスルールの整備や、苦情対応を実現する人的な体制構築が必要です。

工事が必要となる可能性のあるものとしては、台所、浴室、便所、洗面設備の確保、非常用照明や火災報知設備などの消防設備の設置、準耐火構造壁による防火の区画（家主不在型で宿泊室床面積50㎡を超え複数グループを泊める場合）などがあります。

③　安全確保措置状況のチェックと周辺住民等への事前周知

都道府県によっては、この段階で届出住宅が建築基準法や消防法に基づいて火災やその他の災害が発生した場合の宿泊者安全確保を図るために必要な措置がなされているか、近隣住民に対して、

■ 住宅宿泊事業届出の流れ

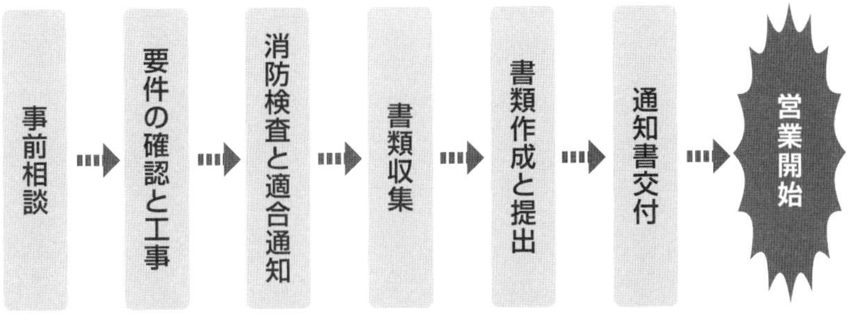

必要な項目を事前周知すること、などが求められます。

④　**消防検査と適合通知書の交付**

家主不在型または宿泊室床面積50㎡を超える場合は、非常用照明や火災報知設備などの消防設備の設置、準耐火構造壁による防火の区画などが必要になります。

これらの措置を講じた後、所管の消防署の検査を経て、消防法令適合通知書の交付を受ける必要があります。なお、床面積50㎡未満でも、ある程度の設備設置や避難経路図の表示、検査を経て消防法令適合通知書の交付は受ける必要があります。

⑤　**必要書類の収集**

届出書類に添付する必要がある「図面」「貸主の使用承諾書(届出住宅が賃貸借物件の場合)」「規約の写し（届出住宅が分譲住宅の場合)」「不動産の登記事項証明書」「法人の登記事項証明書（法人の場合)」「住民票」「身分証明書」「管理受託契約書（住宅宿泊管理業者に管理を委託をする場合)」などを集めておく必要があります。都道府県によって書類の省略や追加の書類など異なる場合がありますので、詳しくは所管の届出窓口に確認する必要があります。

⑥　**届出書の作成と提出**

届出書などを作成し、添付書類を添えて届出住宅を所管する届出窓口へ提出します。

⑦　**通知書の受領と営業開始**

都道府県知事より届出番号が記載された通知書が発行されますので、法律で定められた標識を掲示し、営業を開始します。

都道府県ごとに異なりますが、７日～14日程度で通知書が発行される見込みです。

どんな書類が必要になるのか

住宅宿泊事業の届出には以下の書類の提出が必要です。ただし、都道府県によっては別途、書類の提出を要求されることがありますので、所管の保健所などに確認することが大切です。

①　住宅宿泊事業届出書　第一号様式（第一面）
②　住宅宿泊事業届出書　第一号様式（第二面）
③　住宅宿泊事業届出書　第一号様式（第三面）
④　住宅宿泊事業届出書　第一号様式（第四面）
⑤　住宅宿泊事業届出書　第一号様式（第五面）
⑥　不動産登記事項証明書
⑦　住宅の図面
⑧　転貸等の承諾書（賃貸物件の場合）
⑨　規約の写し（分譲住宅等の場合）
⑩　管理組合の確認書（分譲住宅等で規約に民泊の定めがない場合）
⑪　法人登記事項証明書（法人のみ）
⑫　定款（法人のみ）
⑬　身分証明書（申請者の分や、法人は役員全員分）
⑭　管理受託契約の締結時の書面（住宅宿泊管理業者に委託をする場合）
⑮　誓約書
⑯　入居者の募集が行われていることを証する書類等（生活の本拠として使用していることが証明できないとき）

都道府県ごとの違い

住宅宿泊事業法18条は、民泊による騒音など、生活環境の悪化を防止するため必要があるときは、合理的に必要と認められる限度で都道府県ごとに条例を定め、住宅宿泊事業の営業に対する期間制限をすることができると定めています。

たとえば、かなり早い時期から条例の検討に入っていた北海道では、住居専用地域は土日・祝日の約60日以内、学校周辺は学校が休みの日のみの年間約110日など区域ごとに法律よりも短い期間に規制をかけています。その他、京都市では、住居専用地域は営業可能日を1月正午から3月正午までの60日間に限定し、住居専用地域が大半を占める世田谷区では営業可能日を土曜日正午以降から月曜日正午までとし、営業日数としては実質106日に制限されることになっています。

軽井沢町や大田区、神戸市などでは住居専用地域など一部の地域についてゼロ日（営業禁止）とすることを検討していますが、国土交通省や厚生労働省の見解では、条例によるゼロ日規制は、法の目的を逸脱するもので不適切という見解を表明しており、今後の動向が注目されています。

このように現在の都道府県ごとの条例では、住宅宿泊事業が想定する営業日数180日に対する規制が注目されがちですが、実際に事業の届出を行う際に必要となる添付書類などに関する都道府県ごとの違いをしっかり把握しておかなければ、スムーズに営業開始をすることができないため注意が必要です。

たとえば、全国でも条例の制定について高い関心を集める京都市では、住宅宿泊事業法で予定されていた条例による営業期間の制限にとどまらず法の趣旨目的から認められる範囲として事業届出に関する追加の義務を定めています。これによれば、京都市内における住宅宿泊事業者は、営業開始時（届出前）の段階で、近隣住民に事業計画の事前説明をすることが義務付けられます。このことから届出の添付書類には義務を果たしたことを証する書面（報告書、場合により議事録や協定書など）を求められることになります。

その他、家主不在型による住宅宿泊管理業者の選定にあたっては届出住宅から10分以内に駆け付けられる範囲に駐在していること（再委託先でも可）も義務付けられますので、条件に合った住宅宿泊管理業者を確保しておく必要があります。

■ 使用承諾書サンプル

使 用 承 諾 書

当方らが所有する下記物件を、下記使用者が住宅宿泊事業（旅館業）を行う物件として使用することを承諾します。

物件所在地　：　東京都○○区○丁目○番○号

使用者　：　○○ ○○

○○○○年○月○○日

共有者
東京都△△区△丁目△番△号
△△ △△

共有者
東京都□□区□丁目□番□号
□□ □□

共有者
東京都××区×丁目×番×号
×× ××

4 住宅宿泊事業関係の必要書類の書き方

届出書以外にも多くの添付書類が必要

どんな書類を作成するのか

住宅宿泊事業の届出や、住宅宿泊管理業の登録に必要となる申請書類自体はそれぞれ、あまり複雑なことを記載することもなく、他の行政手続きに比べれば簡単な部類に入ります。

しかし、それぞれの記載内容は住宅宿泊事業法に定める各種の要件をクリアしていることを示すものとなり、個々の書類に記載する事柄が何を意味するのかなど、一つひとつ理解しながら記載しなければ、せっかくの届出をしても、「記載事項の不備」や「必要な書類が不足している」といった理由により営業開始ができなくなるおそれがあります。

ここでは、東京都新宿区において、宅間ひろしが家主不在型による住宅宿泊事業の届出をする場合を想定（一部様式は参考）し、甲野不動産と住宅宿泊管理契約を締結した場面を例に、主な書式の書き方を説明します。なお、本書で掲載している書式はあくまでサンプルの一例であり、図面類の記載内容については、各都道府県の窓口によってそれぞれ判断が違う場合があります。詳細は、所管の担当窓口まで問い合わせてみましょう。

住宅宿泊事業関係の書類の書き方

以下のような書類を作成します。

書式１　住宅宿泊事業届出書　第一面　（35ページ）

① 届出者が法人の場合は商号と代表者名、電話番号を記入し、代表者印を押印します。個人の場合は屋号と個人名となります。

届出者が未成年者である場合には、法定代理人の同意書を添付する必要があります。

② 法人番号は、登録申請者が法人である場合にのみ記入します。法人番号とは、国税庁から指定・通知される13桁の番号で商業登記簿の会社法人等番号12桁の左側に１桁を付加したものになります。

③ 法人の場合、「フリガナ」の欄は、カタカナで上段から左詰めで記入し、その際、濁点及び半濁点は１文字とします（カブシキガイシャなど会社の種類の記載の有無は自治体により異なります)。「商号、名称又は氏名」の欄も、上段から左詰めで記入します。

個人の場合は、「フリガナ」の欄は、カタカナで、姓と名の間に１文字分空けて左詰めで記入します。「商号、名称又は氏名」の欄も姓と名の間に１文字分空けて左詰めで記入します。

④ 「丁目」「番」「号」をそれぞれ－（ダッシュ）で区切り、上段から左詰めで記入します。

⑤ 法人の場合は「１」、個人の場合は「２」を記入します。

⑥ 法人の場合、代表者について、個人の場合は個人について「氏名」「生年月日」「性別」を記入します。生年月日の元号は大正「Ｔ」、昭和「Ｓ」、平成「Ｈ」とローマ字頭文字の記入になりますので、元号が変わってもこれにならいます。

書式１　住宅宿泊事業届出書　第二面　（36ページ）

第二面は、申請者が未成年者や成年被後見人である場合、法定代理人（法定代理人が個人の場合）や、法定代理人の代表者に関する事項（法定代理人が法人である場合)、法定代理人の役員に関する事項（法定代理人が法人である場合）などについて第一面の記入方法に合わせて記入します。

申請者が未成年者や成年被後見人でない場合、書式の余白部分に「該当なし」と記入します。

書式1　住宅宿泊事業届出書　第三面　（37ページ）

第三面は、申請者が法人の場合に第一面で記入した代表者以外の役員について第一面の記入方法に合わせて記入します。代表者以外に役員がいない場合は未記入とし、書式の余白部分に「該当なし」と記入します。

書式1　住宅宿泊事業届出書　第四面　（38ページ）

① 届出者が住宅宿泊管理業者の場合のみ、登録年月日と登録番号を記入します。

② 住宅に関する郵便番号や所在地を記載します。「丁目」「番」「号」はそれぞれ－（ダッシュ）で区切り、上段から左詰めで記入します。

③ 不動産番号は、添付する不動産登記事項証明書に記載されている13桁の番号を記入します。

④ 「第２条各号に掲げる家屋の別」は、家主居住型（届出者の生活の本拠が届出住宅の住所と一致）の場合は「現に人の生活の本拠として使用されている家屋」にチェックを入れます。
添付書類として入居者募集の広告紙面の写しや、賃貸不動産情報サイトの掲載情報の写しなどを添付できる場合は「入居者の募集が行われている家屋」にチェックします。
「随時その所有者、賃借人または転借人の居住の用に供されている家屋」というのは、別荘などを指しますが、この場合、届出住宅周辺における商店で日用品を購入した際のレシートや、届出住宅と自宅の間の公共交通機関の往復の領収書の写し、高速道路の領収書の写しなどの添付が必要になります。

⑤ 「住宅の建て方」は、届出住宅の建物用途に合わせてチェックします。なお、共同住宅はマンション、寄宿舎は寮やアパートのような便所や風呂が共同の住宅のことです。

⑥　居室とは、宿泊者が占有する部屋のことです。宿泊者の占有ではない台所、浴室、便所、洗面所、廊下の他、押入れや床の間は含みません。この欄に記入する数字は内寸面積（内のり）です。

宿泊者の占有可否で取扱いが異なるので、戸建ての場合は、家主居住型か家主不在型（一棟貸し）により、計算が異なります（40ページ参照）。

⑦　宿泊室とは、宿泊者が就寝するために使用する部屋で、押入れや床の間は含みません。なお、面積の算定方法は壁その他の区画の中心線で囲まれた部分の水平投影面積（壁芯）とします。

⑧「宿泊者の使用に供する部分の面積」とは、宿泊者の占有か住宅宿泊事業者との共有かを問わず、宿泊者が使用可能な箇所をすべて計算します。宿泊室の面積は除きますが、台所、浴室、便所、洗面所をはじめ、押入れや床の間、廊下も含みます。面積の算定方法は⑥同様、水平投影面積（壁芯）となります。

このような「内のり」と「壁芯」が混同している理由は、住宅宿泊事業法の所管が厚生労働省と国土交通省にまたがっているためと考えられます。

⑨　届出者の営業所等が別にある場合、この欄に記載します。

書式１　住宅宿泊事業届出書　第五面（39ページ）

①　家主不在型の場合、管理業務を住宅宿泊管理業者に委託することが必須となるため、必ず記載しておきます。

②　家主居住型の場合は「住宅に人を宿泊させる間、不在とならない」にチェックします。

③　届出住宅を賃借している場合は「賃借人に該当する」にチェックを入れ、「賃貸人が住宅宿泊事業の用に供することを目的とした賃借物の転貸を承諾している」にもチェックを入れます。

この場合、必ず添付書類として貸主の使用承諾書（書式3）などを添付します。下の「転貸借」に関するものも同様です。

④　マンションやアパートの場合にチェックを入れます。マンションやアパートなどの共同住宅でない場合は、下の「住宅がある建物が、二以上の区分所有者が存する建物で人の居住の用に供する専有部分のあるものに該当しない」にチェックします。

書式2　住宅の図面（40ページ）

「住宅の図面」には、以下の事項の記載が必ず必要になります。

①　台所、浴室、便所、洗面設備の位置

②　住宅の間取りや出入口

③　各階の別

④　居室、宿泊室、宿泊者の使用に供される部分（宿泊室を除く）のそれぞれの床面積

⑤　非常用照明器具の位置、その他安全のための措置内容（下記「民泊の安全措置の手引き」URL参照）等、安全の確保のための措置の実施内容について明示

上記①～⑤が確認できるのであれば、多少正確性に欠ける図面や、手書きの図面であってもかまいません。

なお、34ページのフローチャートの結果によっては、さまざまな設備を住宅に設置した上で、図面にも位置を示す必要があります。

詳しくは国土交通省発行の「民泊の安全措置の手引き」（http://www.mlit.go.jp/kankocho/shisaku/sangyou/juutaku-shukuhaku.html）を確認してみましょう。この場合、47ページのチェックリストの提出を求める都道府県もあります。

書式3　賃貸人が承諾したことを証する書類　（41ページ）

届出者が届出住宅の賃借人である場合、転借人である場合に、使用承諾書が必要になります。転借人である場合は賃貸人と転貸人両方の承諾書が必要となりますので、注意が必要です。本様式

に決まった様式はありません。

書式4　欠格事由に該当しない誓約書（42ページ）

届出者や届出する法人の役員が、法律に定められている欠格事由（18ページ）に該当しないことを誓約する書類です。法人の場合は、役員全員分が必要です。役員とは株式会社の場合、取締役、執行役、会計参与、監査役などを指します。財団法人や社団法人では、理事や監事です。

書式5　管理組合に禁止する意思がないことを確認した誓約書（44ページ）

マンションなどの共同住宅で、管理組合に民泊を禁止する意思がないことを確認した場合に添付する書類です。マンション管理規約などに「民泊禁止」の規定がなくても、民泊を肯定するものなのか判断がつかないために、事実確認をした上で、届出者が誓約することになっています。

書式6　住宅宿泊事業に伴う廃棄物に関する確認書（45ページ）

民泊には、都道府県の判断によって事業系一般廃棄物や産業廃棄物として指定されるものが排出されますので、適法な許可を有する事業者に収集を委託する必要があります。新宿区では、この義務について確認書を提出させることで担保しています。

書式7　説明実施報告書（46ページ）

新宿区をはじめ、京都市などいくつかの自治体では、住宅宿泊事業の届出の前に、以下のような一定の範囲に住む近隣住民に対しての事業開始に関する説明義務を課していることがあります。

その場合、これらの自治体が定める様式に従って説明結果の報告が求められます。

①　届出住宅の外壁から20mの範囲に入る建物

②　住宅建物の敷地が道路等に接する場合、この敷地と道路等との境界線からの水平距離が10mの範囲内にある土地に存する建

物（外壁間の水平距離が20mを超えるものを除く）

参考　宿泊者の安全の確保を図るために必要な措置に関するチェックリスト（47ページ）

以下のフローチャートの結果によっては、さまざまな設備設置義務などが課されますが、多くの自治体でこれらの該当有無をチェックリストの提出によって確認しています。

詳しくは国土交通省発行の「民泊の安全措置の手引き」（http://www.mlit.go.jp/kankocho/shisaku/sangyou/juutaku-shukuhaku.html）を参照しましょう。

なお、本書では多くの自治体で採用されている国土交通省のチェックリストを例にしています。

■ 民泊の安全措置フローチャート

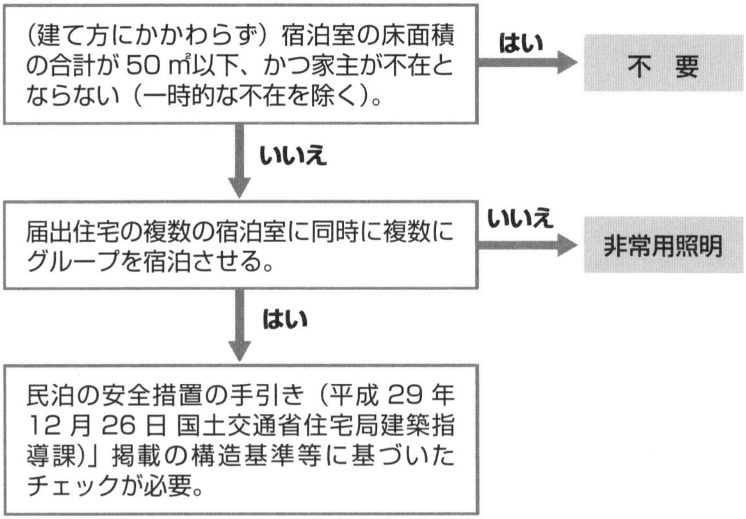

書式1　住宅宿泊事業届出書

第一号様式（第四条関係）　　　　　　　　　　　　　　　　　　　　（A 4）

住 宅 宿 泊 事 業 届 出 書

（第一面）

住宅宿泊事業法第３条第１項の規定により、住宅宿泊事業の届出をします。
この届出書及び添付書類の記載事項は、事実に相違ありません。

〇〇 年 〇〇月〇〇日

東京都知事 殿

届出者　商 号 又 は 名 称
氏　　　名　宅間　ひろし　㊞
（法人である場合においては、代表者の氏名）
電　話　番　号　03-0000-0000
ファクシミリ番号　03-0000-0000

受付番号	受付年月日
※	※

※	届出番号	第　　　　　号
※	届出年月日	年　　月　　日

◎　商号、名称又は氏名、住所及び連絡先

法人番号	
フリガナ	タクマ　ヒロシ
商号、名称又は氏名	宅間　ひろし
郵便番号	160－0000
住所	東京都新宿区〇〇町〇－〇－〇
電話番号又は電子メールアドレス	03－0000－0000

法人・個人の別
2　1．法人
2．個人

確認欄
※

◎　代表者又は個人に関する事項

フリガナ	タクマ　ヒロシ
氏名	宅間　ひろし
生年月日	H－01年01月10日
性別	☑ 男性　☐ 女性

確認欄
※

（第二面）

受付番号

※

該当なし

◎　法定代理人に関する事項

フ リ ガ ナ	
商号、名称又は氏名	
郵便番号	－
住　　所	
生年月日	－ 年 月 日
性　　別	□ 男性 □ 女性

法人・個人の別

□ 1．法人
2．個人

確認欄 ※

◎　法定代理人の代表者に関する事項（法人である場合）

フ リ ガ ナ	
氏　　名	
生年月日	－ 年 月 日
性　　別	□ 男性 □ 女性

確認欄 ※

◎　法定代理人の役員に関する事項（法人である場合）

フ リ ガ ナ	
氏　　名	
生年月日	－ 年 月 日
性　　別	□ 男性 □ 女性

確認欄 ※

フ リ ガ ナ	
氏　　名	
生年月日	－ 年 月 日
性　　別	□ 男性 □ 女性

確認欄 ※

フ リ ガ ナ	
氏　　名	
生年月日	－ 年 月 日
性　　別	□ 男性 □ 女性

確認欄 ※

フ リ ガ ナ	
氏　　名	
生年月日	－ 年 月 日
性　　別	男性 □ 女性 □

確認欄 ※

（第三面）

受付番号

※

該当なし

◎ 役員に関する事項 法人である場合）

フリガナ	
氏名	
生年月日	ー　年　月　日
性別	□ 男性 □ 女性

確認欄 ※

フリガナ	
氏名	
生年月日	ー　年　月　日
性別	□ 男性 □ 女性

確認欄 ※

フリガナ	
氏名	
生年月日	ー　年　月　日
性別	□ 男性 □ 女性

確認欄 ※

フリガナ	
氏名	
生年月日	ー　年　月　日
性別	□ 男性 □ 女性

確認欄 ※

フリガナ	
氏名	
生年月日	ー　年　月　日
性別	□ 男性 □ 女性

確認欄 ※

フリガナ	
氏名	
生年月日	ー　年　月　日
性別	□ 男性 □ 女性

確認欄 ※

（第四面）

受付番号

※

◎　住宅宿泊管理業に関する事項（住宅宿泊管理業者である場合）

登録年月日	－　　年　　月　　日
登録番号	

確認欄

※

◎　住宅に関する事項

郵便番号	160－0000		
所在地	東京都新宿区○○町○－○－○		
不動産番号	0000000000000		
第２条各号に掲げる家屋の別	☐ 現に人の生活の本拠として使用されている家屋	☑ 入居者の募集が行われている家屋	☐ 随時その所有者、賃借人又は転借人の居住の用に供されている家屋
住宅の建て方	☑ 一戸建ての住宅　☐ 長屋	☐ 共同住宅	☐ 寄宿舎

住宅の規模			
居室	63.06　㎡		
	宿泊室	宿泊者の使用に供する部分（宿泊室を除く）	合計
1　階	16.40　㎡	56.46　㎡	72.86　㎡
階	㎡	㎡	㎡
階	㎡	㎡	㎡
合計	16.40　㎡	56.46　㎡	72.86　㎡

確認欄

※

◎　営業所又は事務所に関する事項（営業所又は事務所を設ける場合）

営業所又は事務所の名称	
郵便番号	－
所在地	
電話番号	

確認欄

※

営業所又は事務所の名称	
郵便番号	－
所在地	
電話番号	

確認欄

※

営業所又は事務所の名称	
郵便番号	－
所在地	
電話番号	

確認欄

※

（第五面）

受付番号

※					

◎　住宅宿泊管理業務の委託に関する事項（住宅宿泊管理業務を委託する場合）

住宅宿泊管理業者	フリガナ	コウノフト゛ウサン
	商号、名称又は氏名	株式会社甲野不動産
	登録年月日	0－00年00月00日
	登録番号	0000000000000
	管理受託契約の内容	別紙の管理受託契約の写しのとおり

確認欄 ※

◎　その他の事項

☐ 住宅に人を宿泊させる間、不在（法第11条第１項第２号の国土交通省令・厚生労働省令で定めるものを除く。）とならない	
☑ 賃借人に該当する	☑ 賃貸人が住宅宿泊事業の用に供することを目的とした賃借物の転貸を承諾している
☐ 賃借人に該当しない	
☐ 転借人に該当する	☐ 賃貸人及び転貸人が住宅宿泊事業の用に供することを目的とした転借物の転貸を承諾している
☑ 転借人に該当しない	
☐ 住宅がある建物が、二以上の区分所有者が存する建物で人の居住の用に供する専有部分のあるものに該当する	☐ 規約に住宅宿泊事業を営むことを禁止する旨の定めがない（当該規約に住宅宿泊事業についての定めがない場合は、管理組合に届出住宅において住宅宿泊事業を営むことを禁止する意思がない旨を含む。）
☑ 住宅がある建物が、二以上の区分所有者が存する建物で人の居住の用に供する専有部分のあるものに該当しない	

確認欄 ※

書式2　住宅の図面

住宅の図面

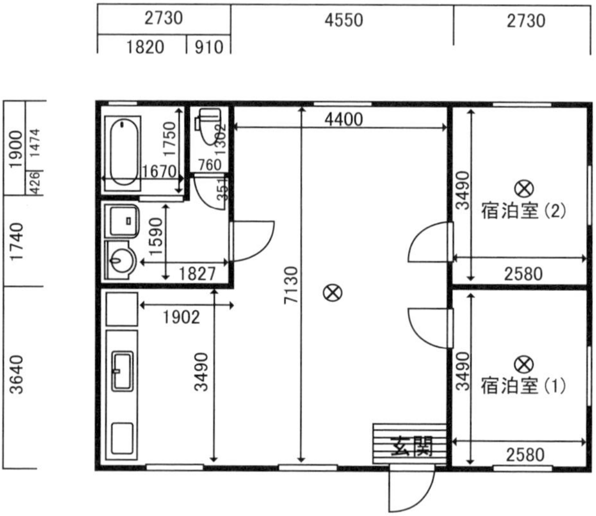

居室の床面積　63.04 ㎡（内のり）

宿泊室(1)	2.58 × 3.49 = 9.00 ㎡
宿泊室(2)	2.58 × 3.49 = 9.00 ㎡
リビング	(4.4 × 7.13)＋(1.902 × 3.49) = 38.00 ㎡
脱衣所	(1.827 × 1.59)＋(0.7＋0.351) = 3.14 ㎡
便所	0.76 × 1.302 = 0.98 ㎡
浴室	1.67 × 1.75 = 2.92 ㎡

※家主居住型（宿泊室(1)提供）の場合は以下の通り

居室の床面積　9.00 ㎡（内のり）
宿泊室(1)　2.58 × 3.49 = 9.00 ㎡

宿泊室の床面積　9.93 ㎡（壁芯）
宿泊室(1)　2.73 × 3.64 = 9.93 ㎡

宿泊者の使用に供する部分の面積　72.84 ㎡（壁芯）

宿泊室(1)	2.73 × 3.64 = 9.93 ㎡
宿泊室(2)	2.73 × 3.64 = 9.93 ㎡
リビング	(4.55 × 7.28)＋(3.64 × 2.73) = 43.06 ㎡
洗面所	(2.73 × 1.74)＋(0.91＋0.426) = 5.13 ㎡
便所	0.91 × 1.474 = 1.34 ㎡
浴室	1.82 × 1.9 = 3.45 ㎡

宿泊室の床面積　19.86 ㎡（壁芯）

宿泊室(1)	2.73 × 3.64 = 9.93 ㎡
宿泊室(2)	2.73 × 3.64 = 9.93 ㎡

書式３　賃貸人が承諾したことを証する書類

使　用　承　諾　書

私が所有する下記場所を、下記使用者が住宅宿泊事業法に基づく事業を行う営業所として使用することに承諾します。

記

1　　　物件所在地

東京都足立区○○○町○－○－○

2　　　使用者

東京都足立区○○○町○－○－○
古家　克代

○○○○　年　○○　月　○○　日

承 諾 者：

所在地　　東京都北区○○○町○－○－○
名　称　　大家　正夫

書式４　欠格事由に該当しない誓約書

様式Ｂ（国・厚規則第四条第四項第二号ニ関係）　　　　（Ａ４）

誓　約　書

（個人用）

届出者、法定代理人及び法定代理人の役員は、住宅宿泊事業法第４条第１号から第６号まで及び第８号のいずれにも該当しない者であることを誓約します。

〇〇〇〇 年 〇月 〇日

氏　　　　名　　宅間　ひろし　　㊞

［法定代理人
商号又は名称
氏　　　　名　　　　　　　　　　印
（法人である場合においては、代表者の氏名）］

東京都知事　殿

様式A（国・厚規則第四条第四項第一号カ関係）　　　　　　　　　　　　（A４）

誓　約　書

（法人用）

届出者及び届出者の役員は、住宅宿泊事業法第４条第２号から第４号まで、第７号及び第８号のいずれにも該当しない者であることを誓約します。

○○○○ 年 ○ 月 ○ 日

商号又は名称　株式会社　住宿
代表者の氏名　代表取締役　住吉　活弘　㊞

東京都知事　殿

書式5　管理組合に禁止する意思がないことを確認した誓約書

様式C（国・厚規則第四条第四項第一号ヲ関係）　　（A 4）

誓　約　書

届出者は、管理組合に住宅宿泊事業の実施を報告し、下記のとおり届出時点で住宅宿泊事業を禁止する管理組合の意思がないことを確認しました。

○○○○年　○　月　○　日

東京都知事　殿

商号又は名称　株式会社　住宿
氏　　　　名　代表取締役　住吉 活弘 ㊞
（法人である場合においては、代表者の氏名）

<table>
<tr><td colspan="2">管理組合に報告した日</td><td>○○○○年　○月　○日</td></tr>
<tr><td rowspan="4">管理組合</td><td>管理組合名</td><td>○○マンション管理組合</td></tr>
<tr><td>役職</td><td>理事長</td></tr>
<tr><td>氏名</td><td>菅野　守</td></tr>
<tr><td>連絡先</td><td>（　03　-　○○○○　-　○○○○　）</td></tr>
<tr><td colspan="2" rowspan="4">当該マンションにおける
住宅宿泊事業に関する決議</td><td>①無　　2．有</td></tr>
<tr><td>【2．有】の場合はその決議の内容</td></tr>
<tr><td></td></tr>
<tr><td></td></tr>
</table>

①　「当該マンションにおける住宅宿泊事業に関する決議」欄は、該当するものの番号を○で囲むこと。
②　報告する相手方は管理組合の役員であること（理事長等）。
③　管理組合の連絡先は、管理組合が管理業務を委託している管理会社でも可とする。

書式6　住宅宿泊事業に伴う廃棄物に関する確認書

住宅宿泊事業に伴う廃棄物に関する確認書

● 住宅宿泊事業の届出を行おうとする方（相談者）が記載してください。

届出予定住宅の 所在地・名称等	新宿区 ○○町○丁目○番○号	
住宅宿泊事業者 （住宅宿泊管理業者） の氏名・連絡先	（法人の場合は、商号、名称又は氏名及び連絡先） 株式会社　甲野不動産 03－○○○○－○○○○	
届出予定住宅の状況	家主居住型・家主非居住型（○印）	
廃棄物処理等の 確　認　内　容	一般廃棄物の処理 （収集・運搬）	許可業者名 乙野クリーンサービス株式会社 番号　03－○○○○－○○○○
	産業廃棄物の処理 （収集・運搬）	許可業者名 乙野クリーンサービス株式会社 番号　03－○○○○－○○○○
	産業廃棄物の処理 （中間処理/処分）	許可業者名
	資源物の処理	品目・回収業者名
※区役所記入欄 確　認　印	排出場所及び周辺の略図等	

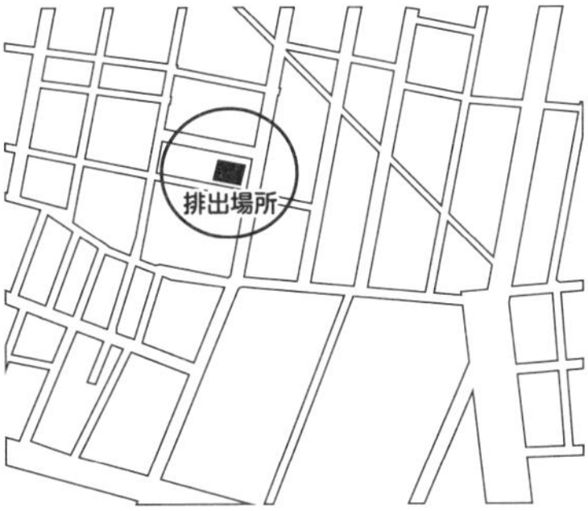

書式7　説明実施報告書

〇〇〇〇 年 〇 月 〇 日

新宿区 長 宛て

住所　東京都新宿区
　　　〇〇町〇丁目〇番〇号

氏名　宅間　ひろし

電話　03（〇〇〇〇）〇〇〇〇

説明実施報告書（開始）

新宿区住宅宿泊事業の適正な運営の確保に関する条例第 7 条第 1 項の規定による 説明を行ったので、同条第 2 項の規定により 下記のとおり報告します。

記

1　住宅の所在地　　新宿区〇〇町〇丁目〇番〇号

2　周辺地域の住民に対する 説明を行った日

3　説明の方法（複数により実施した場合はそ全て〇）

(1)　各戸配布　(2)　掲示　(3)　郵送　(4)　その他（　）

4　住宅宿泊事業開始予定年月日

〇〇〇〇年〇月〇日

【添付書類】

(1)　説明で使用した書面の写し

(2)　説明の対象となる住民範囲を示す書類

(3)　周辺地域の住民から意見が寄せれた場合にはその内容が分かる書類

参考　宿泊者の安全の確保を図るために必要な措置に関するチェックリスト

住宅宿泊事業法の安全措置に関するチェックリスト

届出住宅の条件等	建て方について	規模等について	A-1	A-2	B-1	B-2
	A)一戸建ての住宅、長屋	1)家主同居※1で宿泊室の床面積が50㎡以下	□			
		2)上記以外		□		
	B)共同住宅、寄宿舎	1)家主同居※1で宿泊室の床面積が50㎡以下			□	
		2)上記以外				□

上記の条件による分類に応じて、下記の安全措置(①~⑦)をチェック

安全の措置			A-1	A-2	B-1	B-2
告示第一(非常用照明器具)						
	①	非常用照明器具が設置されている　□ 適用不要(裏面のフロー確認)		□		□
告示第二第一号(防火の区画等)						
	②	複数グループが複数の宿泊室に宿泊しない		□		□
		複数グループが複数の宿泊室に宿泊する場合、防火の区画又は警報設備等が設置されている		□		□
告示第二第二号イ						
	③	2階以上の各階における宿泊室の床面積の合計が100㎡以下	□	□		
		上記以外の場合で、当該階から避難階又は地上に通ずる2以上の直通階段を設けている	□	□		
告示第二第二号ロ						
	④	宿泊者使用部分の床面積の合計が200㎡未満	□	□		
		上記以外の場合で、届出住宅が主要構造部を耐火構造又は準耐火構造等とした建築物である	□	□		
		上記以外の場合で、宿泊者使用部分の居室及び当該居室から地上に通ずる部分の内装仕上げが、建築基準法施行令第128条の5第1項に規定されているとおりに不燃化されている	□	□		
告示第二第二号ハ						
	⑤	各階における宿泊者使用部分の床面積の合計が200㎡(地下の階にあっては100㎡)以下	□	□		
		上記以外の場合で、3室以下の専用の廊下である(対象階：　　　　)	□	□		
		上記以外の場合で、階の廊下(3室以下の専用のものを除く。)の幅が、両側に居室がある廊下にあっては1.6m以上、その他の廊下にあっては1.2m以上である(対象階：　　　　)	□	□		
告示第二第二号ニ						
	⑥	2階における宿泊者使用部分の床面積の合計が300㎡未満	□	□		
		上記以外の場合で、届出住宅が耐火建築物又は準耐火建築物である	□	□		
告示第二第二号ホ						
	⑦	⑴宿泊者使用部分が3階以上の階に設けられていない	□	□		
		⑵延べ面積が200㎡未満で宿泊者利用部分が3階に設けられている場合で、警報設備を設け、竪穴部分と竪穴部分以外の部分とを間仕切り壁等で区画している	□	□		
		上記⑴⑵以外の場合で、届出住宅が耐火建築物である	□	□		

※1　届出住宅に家主が居住しており、不在(法第11条第1項第2号の一時的なものは除く。)とならない場合

Column

住宅宿泊事業法施行後１年の動向

2018年６月に施行された住宅宿泊事業法によって、年間180日間とはいえ、旅館業営業者以外の者も宿泊料を受けて住宅に人を宿泊させる事業を行うことができるようになりました。

この新しい事業形態は１年以上経過した段階で、いったいどれくらいの活用がなされているでしょうか。

観光庁では、住宅宿泊事業の届出件数や、住宅宿泊業法に定める事業者の定期報告義務により得た情報に基づいて集計結果を公表しています。

これによれば2019年９月の時点で、届出件数は全国で20,261件、都道府県別では、新宿区、豊島区、大阪市、福岡市、沖縄県がおよそ1,000件前後と抜きん出ており、次いで渋谷区、台東区、京都市が700件前後となっています。他は北海道の約600件を除けば、数十～数百件とまちまちです。

宿泊日数は、全国の合計が約31万日（２か月あたり）、宿泊者数約35万人（２か月あたり）となっています（届出住宅１件あたり約22人）。

都道府県別にみると、宿泊日数は、東京都が13万日と最も多く、次いで次いで北海道約５万日、大阪府約４万日となっています。

宿泊者数は、東京都が約11万人と最も多く、次いで北海道約６万人、大阪府約４万人となっています。

１月から12月の宿泊人数推移をみると、繁忙期は４月～６月頃（約35万人程度）と位置付けることができ、閑散期は７～８月頃（約８万人程度）となっています。その他にも１月～２月頃が約25万人程度と比較的多い傾向にありますが、宿泊者の国籍をみると中国人の割合が多いことと関係があるかもしれません（旧正月の時期との関連性）。

宿泊者の国籍は、中国人が28%と最も多く、次いで韓国14%、アメリカ11%、台湾９%、香港７%となっています。これら上位５か国・地域で外国人宿泊客の約70%を占めていることになります。

第2章

住宅宿泊管理業の手続きと書式

● 住宅宿泊管理業登録　必要書類一覧

○印…必ず提出する書類　　△印…必要に応じて提出する書類

種　別	必要書類	宅建業者	マンション管理業者	賃貸住宅管理業者	左記以外	
					法人	個人
第一号様式	（第一面）	○	○	○	○	○
	（第二面）	○	○	○	○	○
	（第三面）	○	○	○	○	○
	（第四面）	○	○	○	○	○
	（第五面）	○	○	○	○	○
	（第六面）	○	○	○	○	○
第二号様式		−	−	○	○	○
第三号様式	（第一面）	○	○	○	○	○
	（第二面）	○	○	○	○	○
第四号様式	誓約書（役員用）	○	○	○	○	−
第五号様式	財産に関する調書	−	−	−	−	○
第六号様式	誓約書（個人用）	−	−	−	−	○
定款又は寄付行為		○	○	○	○	−
法人登記事項証明書		○	○	○	○	−
納税証明書		−	−	−	○	○
住民票の抄本		−	−	−	−	○
身分証明（行政証明）		−	−	−	○	○
貸借対照表及び損益計算書		−	−	−	○	−
必要な体制が整備されていることを証する書類	管理受託契約の締結に係る業務の執行が法令に適合することを確保するための必要な体制	○	○	○	−	−
		−	−	−	−	○
		−	−	−	○	−
	住宅宿泊管理業務を適切に実施するための必要な体制	○	○	○	○	○

種　別	必要書類	備　考
第一号様式	（第一面）	様式使用
	（第二面）	様式使用。法定代理人がいる場合に記載。 いない場合は「該当なし」と記載
	（第三面）	様式使用。法人で役員がいる場合に記載。 それ以外は「該当なし」と記載
	（第四面）	様式使用。営業所又は事務所がある場合
	（第五面）	様式使用。宅建業者、マンション管理業者、 賃貸住宅管理業者以外は「該当なし」と記載
	（第六面）	様式使用。90,000 円分の領収証書を貼付
第二号様式		法人の場合は役員全員。個人の場合は本人
第三号様式	（第一面）	相談役や顧問がいない場合は「該当なし」と記載
	（第二面）	5/100 以上の株式を有する株主又は 5/100 以上の額に相当する出資をしている者がいない場合は「該当なし」と記載
第四号様式	誓約書（役員用）	様式使用
第五号様式	財産に関する調書	様式使用
第六号様式	誓約書（個人用）	様式使用
定款又は寄付行為		「現行定款に相違ない」証明
法人登記事項証明書		法務局
納税証明書		法人の場合は法人税、個人の場合は所得税
住民票の抄本		本人のもの
身分証明（行政証明）		法人の場合は役員全員。個人の場合は本人
貸借対照表及び損益計算書		最近の事業年度におけるもの
必要な体制が整備されていることを証する書類	管理受託契約の締結に係る業務の執行が法令に適合することを確保するための必要な体制	「宅地建物取引業の免許証の写し」「マンション管理業の登録の通知書の写し」「賃貸住宅管理業の登録の通知書の写し」のいずれか
		「宅地建物取引士証の写し」「管理業務主任者証の写し」「賃貸不動産経営管理士証の写し」のいずれか、または２年以上の職務経歴書
		２年以上の事業経歴書
	住宅宿泊管理業務を適切に実施するための必要な体制	・人員体制図（必須） ・使用する機器の詳細を記載した書面（ICT 等を用いて遠隔で業務を行うことを予定している場合は必須） ・再委託先に求める人員体制の要件を記載した書面（再委託による人員の確保を予定している場合は必須）

※必要書類は、自治体によって異なることがあります。

1 住宅宿泊管理業とは

適切な契約により家主が不在の場合の管理責任を明確化する

どのような業務を行うのか

住宅宿泊管理業者とは、これまでの旅館業法では対象とされてこなかった民泊運営管理代行業者のことです。家主不在型の住宅宿泊事業を管理するために、国土交通省に登録し、住宅宿泊事業者と管理委託契約を締結した者をいいます。

住宅宿泊事業の管理には、ゲストのチェックインにはじまり、宿泊名簿の作成・備え付け、施設利用方法の説明、ゲストの衛生や安全確保の措置（日常清掃・クリーニングや、防災活動・点検など）、騒音や苦情など近隣トラブル対処などがあります。

特に、周辺住民からの苦情に応答し、ゲストに行為の中止を求めたり（外国語対応が標準）、緊急を要する通報に対しては、警察署や消防署、医療機関等に連絡をしたり、ゲストに対する宿泊拒否の対応をするなど、かなり責任の重い役割を担います。

もちろん、チェックアウト後の住宅状況確認（破損や忘れ物有無など）を行ったり、棄損などの有害行為に対しての法的措置の助言などを行うことも想定されています。

また、長期滞在者に対しては、定期的な面会を行い、所在不明となっていないかの安否確認や、反対に契約外の不審者が滞在していないかなどの事項を確認することもあります。

誰が登録できるのか

このように非常に責任の重い役割を担う住宅宿泊管理業者は、誰でも登録できるわけではありません。住宅宿泊事業法25条には住宅宿泊管理業者の登録拒否事由が規定されていますが、これを整理すると以下のようになります。

① 破産手続開始の決定を受けて復権を得ない者
② 登録取消後、５年を経過しない者
③ 刑罰等の執行後、５年を経過しない者
④ 暴力団員等
⑤ 住宅宿泊管理業に関し不正や不誠実な行為をするおそれがあると認めるに足りる相当の理由がある者
⑥ 未成年者で法定代理人が①～⑤のいずれかに該当するもの
⑦ 法人で、役員のうち①～⑤のいずれかに該当する者があるもの
⑧ 暴力団員等がその事業活動を支配する者
⑨ 財産的基礎を有しない者
⑩ 住宅宿泊管理業を的確に遂行するための必要な体制が整備されていない者

なお、以前は精神上の障害により、事理を弁識する能力を欠く者や著しく不充分な者（具体的には、認知症やアルツハイマーなど）が欠格事由とされていましたが、2016年に成立した成年後見制度利用促進法を受けて、今後削除など見直しが進められました。

また、⑤の「住宅宿泊管理業に関し不正や不誠実な行為をするおそれがあると認めるに足りる相当の理由がある者」とは、2017年12月に国土交通省が策定したガイドライン（以下、「ガイドライン」）において「②の取消処分逃れで廃業した者」や「違法民泊業者（旅館業の罰金刑に処せられた者など）」とされています。

その他、⑨の「財産的基礎を有しない者」とは、同ガイドライ

ンにおいて「負債の合計額が資産の合計額を超えないこと」や「支払不能（債務が返済できないこと）に陥っていないこと」とされています。

中でも判断が難しいものとして、⑩の「住宅宿泊管理業を的確に遂行するための必要な体制が整備されていない者」があります。

これは、さらに「⑴管理受託契約の締結に係る業務の執行が法令に適合することを確保するための必要な体制が整備されていると認められない者」と「⑵住宅宿泊管理業務を適切に実施するための必要な体制が整備されていると認められない者」に区分されています。⑴をわかりやすく説明すると57ページ図のように一定の資格や実務経験などが必要です。

⑵については、しっかりとした人員体制の確保が原則となりますが、再委託による人員の確保を予定している場合には、再委託先の人員体制が重要視されます。ただし、ICTなどを用いた遠隔による管理（たとえば、テレビ電話やタブレット端末などによるゲストの滞在確認や騒音センサーによる管理など）を行う場合や、電子キーなどを用いて鍵の受け渡しを行うなど、管理業者が直接鍵の受け渡しを行わないには人員体制の確保は緩和されます。ただし、いずれにしても、営業所または事務所の実態がなければ必要な体制が整備されているとは認められません。

業務遂行上の注意点は何か

大前提として、委託を受ける住宅は、住宅宿泊事業者の貴重な財産であり、管理責任の大きさに留意しなければなりません。住宅宿泊事業法では、住宅宿泊管理業者は常に公正な立場を保持して、業務を誠実に遂行することで委託者の利益を保護するよう定めており、さまざまな義務を住宅宿泊管理業者に課しています。

ここでは、実際に住宅宿泊事業者と住宅宿泊管理業者が管理業務委託契約を締結する流れに沿って気をつけるべきポイントを説明していきます。

① 契約締結前

住宅宿泊管理業者は、業務の広告をする際、虚偽広告や誇大広告をすることが禁止されています。広告とは、新聞の折込チラシをはじめ、ポスティング、テレビ、ラジオ、インターネットのホームページなどを含みます。

■ 住宅宿泊管理業者の登録要件一覧

<table>
<tr><td rowspan="5">必須要件</td><td rowspan="2">財産的基礎要件</td><td colspan="3">負債の合計額が資産の合計額を超えないこと</td></tr>
<tr><td colspan="3">支払不能に陥っていないこと</td></tr>
<tr><td rowspan="3">住宅宿泊管理業の的確遂行体制</td><td rowspan="2">管理業務の執行が法令に適合するために必要な体制整備</td><td>法人の場合</td><td>・住宅の取引又は管理に関する契約実務を伴う２年以上の業務経験
・宅地建物取引士有資格者
・マンション管理業務主任者有資格者
・賃貸不動産経営管理士有資格者</td></tr>
<tr><td>個人の場合</td><td>・住宅の取引又は管理に関する契約実務を伴う２年以上の事業経験
・宅地建物取引業免許
・マンション管理業登録
・賃貸住宅管理業登録</td></tr>
<tr><td>管理業務を適切に実施するために必要な体制整備</td><td colspan="2">営業所又は事務所の実態があること
・管理業務を適切に実施する人員体制が確保されていること
（ICT 等を用いた遠隔による管理に置き換えることは可能）</td></tr>
<tr><td>その他欠格事由</td><td colspan="4">①破産手続開始の決定を受けて復権を得ない者
②登録取消後、５年を経過しない者
③刑罰等の執行後、５年を経過しない者
④暴力団員等
⑤住宅宿泊管理業に関し不正や不誠実な行為をするおそれがある者
⑥未成年者で法定代理人が①～⑤のいずれかに該当する者
⑦法人で、役員のうち①～⑤のいずれかに該当する者がある者
⑧暴力団員等がその事業活動を支配する者</td></tr>
</table>

誇大広告とは、実際のものよりも著しく優良である、有利であると人に誤認させるような表示をいいます。規制対象となる広告は「住宅宿泊管理業者の責任に関する事項」「報酬の額に関する事項」「管理受託契約の解除に関する事項」とされています。

さらに、「住宅宿泊管理業者は、不当な勧誘等をしてはならない」と定められています。「不当な勧誘等」とは、管理受託契約に関する事項でその判断に影響を及ぼすことになる重要な事項につき、故意に虚偽の内容を告げたり、告げるべき事項を告げないようなことをいいます。この場合の「判断に影響を及ぼすこととなる重要な事項」とは、委託報酬に関する事項や、責任、免責に関する事項など、相手方の不利益に直結する事項です。

その他にも、相手方の承諾なく午後9時から午前8時までの時間帯に、電話勧誘または訪問勧誘を行う行為や、その気のない相手に執拗に勧誘する行為も含まれます。なお、届出住宅の事情を考慮して住宅宿泊管理業務の適切な実施を確保できないことが明らかであるのに、この住宅を対象とした管理受託契約を締結する行為も不当な勧誘等にあたるとされています。

② 契約締結時

住宅宿泊管理業者は、管理受託契約の締結に際し、相手方に対し、管理受託契約の内容やその履行に関する以下の事項について書面を交付して説明する義務を負います。

ⓐ 管理受託契約を締結する住宅宿泊管理業者の商号、名称または氏名、登録年月日・登録番号
ⓑ 住宅宿泊管理業務の対象となる届出住宅
ⓒ 住宅宿泊管理業務の内容、実施方法
ⓓ 報酬とその支払時期、方法
ⓔ 前号に掲げる報酬に含まれていない住宅宿泊管理業務に

関する費用で、住宅宿泊事業者が通常必要とするもの
ⓕ　住宅宿泊管理業務の一部の再委託に関する事項
ⓖ　責任、免責に関する事項
ⓗ　契約期間に関する事項
ⓘ　契約の更新、解除に関する事項

■ 管理業務執行が法令に適合するかの判断

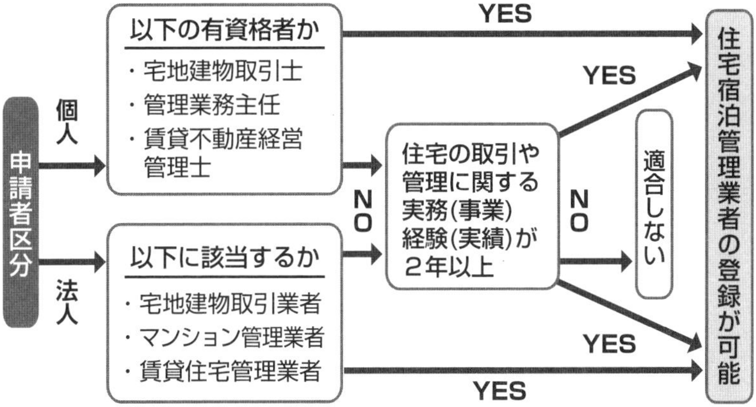

■ 住宅宿泊管理業者登録票

標　　識

住宅宿泊管理業者登録票	
登録番号	国土交通大臣（　）第　　号
登録年月日	年　　月　　日
登録の有効期間	年　月　日から　年　月　日まで
商号、名称又は氏名	
主たる営業所又は事務所の所在地	電話番号　（　　）

30cm以上
35cm以上

これらのうち、ⓒ住宅宿泊管理業務の内容、実施方法では、届出住宅の維持保全と管理業務の内容について、届出住宅の状況等に応じて回数や頻度、方法等を明示して可能な限り具体的に説明する必要があります。

管理受託契約を締結したときは相手方に対し、すぐに契約書の書面を交付する義務を負っています。この契約の書面は「対象の住宅」「住宅宿泊管理業務の実施方法」「報酬に関する事項」「住宅管理業務の内容」「責任、免責に関わる事項」など、たくさん定められていますが、これについては、国土交通省より「住宅宿泊管理標準契約書（88ページ）」が公表されていますので、活用するとよいでしょう。

③　契約締結後

実際に管理業務を遂行していく中では、営業所または事務所ごとに、公衆の見やすい場所に住宅宿泊管理業者登録票（前ページ）を掲げる義務を負い、住宅宿泊管理業務の実施状況や届出住宅の維持保全状況、周辺地域の住民からの苦情の発生状況について住宅宿泊事業者に定期的な報告をしなければなりません。

義務を果たさないとどうなるのか

住宅宿泊管理業の適正な運営を確保するため必要があると認めるときは、国土交通大臣より業務の方法の変更や運営の改善に必要な措置をとるべきことが命じられます。

この業務改善命令に違反すると、登録の取消しや、１年以内の期間を定めてその業務の全部あるいは一部の停止が命じられることになります。このうち、登録が取り消された場合、登録は抹消されます。

2 住宅宿泊管理業登録の手続き

手続きと必要書類をおさえる

住宅宿泊管理業登録の流れ

住宅宿泊管理業は、住宅宿泊事業の届出と異なり登録制となっています。届出は、届出をする行為そのもので、一定の行為を適法に行えるものですが、登録は届出のように提出そのものでは効果は発生せず、その内容を行政が帳簿に記載することで効果が発生します。

少し許可に近いイメージを持つかもしれませんが、行政には帳簿への記載を拒否するなどの裁量が認められないため、許可よりは緩やかな手続きです。一方で届出よりは厳しいともいえますので、住宅宿泊事業法は、住宅宿泊事業者よりも住宅宿泊管理業者の方をより注意していることがわかります。

住宅宿泊管理業登録の流れは以下のとおりです。

①　事前相談

成立間もない法律である上に、宅地建物取引業など一定の要件または実務経験が前提となっているため、自身が住宅宿泊事業法の定める要件をクリアできるのか、営業開始前、開始後にどのような点に注意すればよいのかなどをしっかり登録窓口に相談しておく必要があります。

住宅宿泊管理業の登録は国土交通大臣に行うものとされていますが、実際の窓口は事業を行う営業所を所管する地方整備局等（これらの機関より委託を受けた指定機関）となっています。

②　必要書類の収集

登録申請書に添付する必要がある「法人の登記事項証明書（法

人の場合)」「定款(法人の場合)」「納税証明書」「身分証明書」「住民票」などを集めておく必要があります。

中でも、住宅宿泊管理業では、管理業務の執行が法令に適合すること(57ページ)を証明する書類として実務経験(法人の場合は事業経験)を証する書面や各資格証の写しも必要になりますし、管理業務を適切に実施するための必要な体制(54ページ)を証する書類として人員体制説明書類や、ICT(情報技術に通信コミュニケーションのメリットを不可した技術)などを用いた遠隔管理を実現する機器の詳細を記載した書面(84ページ)などの添付も必要になりますので事前に準備しておく必要があります。

都道府県によって書類の省略や追加の書類など異なる場合がありますので、詳しくは所管の登録窓口に確認しましょう。

③　登録申請書と添付書類の提出

事前相談で登録申請書や添付書類の作成が可能となり、その他の必要書類の収集もできれば、所管の地方整備局等に登録申請書や添付書類を提出します。

なお、登録申請手数料は新規の場合90,000円(更新の場合は19,700円)で登録免許税の納付の形で支払います(更新の場合は収入印紙等)。

④　登録申請書の審査

登録は行政に裁量権はありませんが、登録申請書の記載事項に不備がないか、不足している添付書類はないかなどの確認がなされます。また、必要に応じて指導などもなされます。

⑤　登録番号の発行と営業開始

帳簿に内容が記載され、申請した事業者に対して登録番号の通知がなされます。登録番号を確認した申請者は、営業を開始することができます。

どんな書類が必要になるのか

住宅宿泊管理業の登録には以下の書類の提出が必要です。ただし、都道府県によっては別途、書類の提出を要求されることがありますので、所管の地方整備局などに確認することが大切です。

①　住宅宿泊管理業者登録申請書　第一号様式（第一面）
②　住宅宿泊管理業者登録申請書　第一号様式（第二面）
③　住宅宿泊管理業者登録申請書　第一号様式（第三面）
④　住宅宿泊管理業者登録申請書　第一号様式（第四面）
⑤　住宅宿泊管理業者登録申請書　第一号様式（第五面）
⑥　住宅宿泊管理業者登録申請書　第一号様式（第六面）
⑦　略歴書　第二号様式
⑧　添付書類　第三号様式（第一面）
⑨　添付書類　第三号様式（第二面）
⑩　誓約書　第四号様式（法人の場合）
⑪　財産に関する調書　第五号様式（個人の場合）
⑫　誓約書　第六号様式（個人の場合）
⑬　法人登記事項証明書（法人の場合）
⑭　定款の写し（法人の場合）
⑮　納税証明書
⑯　身分証明書
⑰　損益計算書、貸借対照表（法人の場合で直近年度のもの）
⑱　住民票（個人の場合）
⑲　管理業務の執行が法令に適合することを証明する書類
　管理業務を適切に実施するための必要な体制を証する書類
※宅地建物取引業者など一部書類が免除されます。

3 住宅宿泊管理業の必要書類の書き方

財産的基礎や体制などを示す必要がある

どんな書類を作成するのか

ここでも、引き続き宅間ひろしと住宅宿泊管理契約を締結することになる甲野不動産が住宅宿泊管理業登録を行った際の場面を中心に書式の書き方を説明します。

書式１　住宅宿泊管理業者登録申請書　第一面　（68ページ）

① 登録申請者が法人の場合は商号と代表者名、電話番号を記入し、代表者印を押印します。個人の場合は屋号と個人名となります。登録申請者が未成年者である場合においては、法定代理人の同意書を添付する必要があります。

② 「申請時の登録番号」の欄は、更新の場合のみ記入します。

③ 新規の場合は「１」を、更新の場合は「２」を記入します。

④ 法人番号は、登録申請者が法人である場合にのみ記入します。法人番号とは、国税庁から指定・通知される13桁の番号で商業登記簿の会社法人等番号12桁の左側に１桁を付加したものになります。

⑤ 法人の場合、「フリガナ」の欄は、カタカナで上段から左詰めで記入し、その際、濁点と半濁点は１文字とします（カブシキガイシャなど会社の種類は不要です）。「商号、名称又は氏名」の欄も、上段から左詰めで記入します。

個人の場合は、「フリガナ」の欄は、カタカナで、姓と名の間に１文字分空けて左詰めで記入します。「商号、名称又は氏名」の欄も姓と名の間に１文字分空けて左詰めで記入します。

⑥ 「丁目」「番」「号」をそれぞれ－（ダッシュ）で区切り、上

段から左詰めで記入します。第四面（書式８）の「営業所又は事務所の別」の欄で「１ 主たる営業所又は事務所」を選択する営業所または事務所には、第一面に記入した郵便番号及び住所を記入します。

⑦　法人の場合は「１」、個人の場合は「２」を記入します。

⑧　法人の場合、代表者について、個人の場合は個人について「氏名」「生年月日」「性別」を記入します。生年月日の元号は大正「T」、昭和「S」、平成「H」とローマ字頭文字の記入になりますので、元号が変わってもこれにならいます。

書式１　住宅宿泊管理業者登録申請書　第二面　（69ページ）

第二面は、申請者が未成年者や成年被後見人である場合、法定代理人（法定代理人が個人の場合）や、法定代理人の代表者に関する事項（法定代理人が法人である場合）、法定代理人の役員に関する事項（法定代理人が法人である場合）などについて第一面の記入方法に合わせて記入します。

申請者が未成年者や成年被後見人でない場合、書式の余白部分に「該当なし」と記入します。

書式１　住宅宿泊管理業者登録申請書　第三面　（70ページ）

第三面は、申請者が法人の場合に第一面で記入した代表者以外の役員について第一面の記入方法に合わせて記入します。代表者以外に役員がいない場合は書式の余白部分に「該当なし」と記入します。

書式１　住宅宿泊管理業者登録申請書　第四面　（71ページ）

第四面は、住宅宿泊管理業を営む営業所や事務所についてのみ記入します。たくさんあり、書ききれない場合は、同じ書式を複数用いてすべて記入します。

①　主たる営業所または事務所の場合は「１」、従たる営業所または事務所の場合は「２」を記入します。

② 主たる営業所または事務所の場合「本店」、従たる営業所または事務所の場合、支店名を記入します。商号は記載不要です。

③ 「丁目」「番」と「号」をそれぞれ－（ダッシュ）で区切り、上段から左詰めで記入します。「営業所又は事務所の別」の欄で「1．主たる営業所又は事務所」を選択する場合、第一面に記入した郵便番号と住所を記入します。

④ 市外局番、市内局番、番号をそれぞれ－（ダッシュ）で区切り、左詰めで記入します。

書式1　住宅宿泊管理業者登録申請書　第五面　（72ページ）

第五面は、宅地建物取引業の免許、マンション管理業者の登録、賃貸住宅管理業者の登録を受けている場合に記入します。

「免許等の年月日」の欄は、免許の有効期間の開始日ではなく、免許を与えられた年月日（免許の有効期間の開始日の前日）を記入します。

書式1　住宅宿泊管理業者登録申請書　第六面　（73ページ）

第六面は登録手数料に関する登録免許税納付書、領収証書、収入印紙や証紙の貼付欄です。登録申請手数料は新規の場合、90,000円（登録免許税の納付）更新の場合は19,700円（収入印紙等で納付）となります。

書式2　略歴書　第二号様式　（74ページ）

略歴書は申請者本人や役員、相談役、顧問などすべての者について作成が必要です。本事例のように宅地建物取引業者が登録する場合は省略できますが、参考までに記載例として掲載します。

① 申請者（法人の場合は役員）の「住所」「氏名」「生年月日」「職名」を記入します。職名が「取締役」など、法人の役員になる場合、「常勤」「非常勤」の記載も必要です。

② 現在に至るまでの職歴を記載します。住宅の取引または管理に関する契約実務を伴う職歴はなるべく詳細に記載します。

③　この略歴書を作成した年月日を記載し、本人が署名押印します。印鑑については認印でも問題ありません。

書式３　添付書類　第三号様式（第一面）（75ページ）

この書式は、登録申請者が法人である場合で相談役や顧問がいる場合のみ記入します。該当がない場合は書式の余白部分に「該当なし」と記入します。本事例のように宅地建物取引業者が登録する場合は省略できますが、参考までに記載例として掲載しておきます（第二面も同じ）。

書式３　添付書類　第三号様式（第二面）（76ページ）

この書式は、登録申請者が法人である場合で５/100以上の株式を有する株主や５/100以上の額に相当する出資をしている者について記入します。該当がない場合は書式の余白部分に「該当なし」と記入します。

書式４　誓約書　第四号様式（77ページ）

この書式は、申請者等が住宅宿泊事業法に定められる欠格要件（18ページ）に該当しないことを示すために作成します。作成日、商号、代表者氏名を記入し、代表者印（法人実印）を押印します。

書式５　誓約書　第六号様式（78ページ）

誓約書について、個人の場合はこちらの書式を使用します。住所地と屋号（名称）本人の氏名を記入して実印を押印します。法定代理人がいる場合は、その旨記入します。

書式６　財産に関する調書　第五号様式（79ページ）

この書式は、登録申請者が個人である場合のみ作成するもので、法人の損益計算書、貸借対照表の代わりに提出するものです。すべて時価で記入します。なお、権利とは営業権、地上権、電話加入権その他の無形固定資産をいいます。

書式７　事業経歴書・職務経歴書（80 ～ 81ページ）

57ページの「管理業務執行が法令に適合するかの判断」におい

て「住宅の取引や管理に関する実務（事業）経験（実績）が２年以上」を要件として登録を行う場合に必要な書類となります。

事業経歴書は、登録申請者が行った住宅の取引や管理に関する契約実務を伴う事業について列挙し、事業経験年数の通算を記入します。通算で２年以上なければ、登録することはできません。

職務経歴書、個人としての経験（実績）を示すもので、事業経歴書同様、住宅の取引や管理に関する契約実務を伴う事業経験が通算で２年以上必要ですが、この書類の証明者は登録申請者ではなく、実務の経験をした会社等の代表者（第三者による証明）であることに注意が必要です。

書式８　人員体制図（82ページ）

住宅宿泊管理業務を適切に実施するための必要な体制が整備されていることを自分なりに説明する書類で、決まった様式があるわけではありません。

記載例より、もっと理路整然とした表現をする場合は、時間や曜日ごとに細かく区分した表などを用いたシフト表のようなものを作成するなどの工夫も考えられます。いずれにしても従業者が苦情等対応で現地に行く暇がない場合であっても、別の苦情に応答可能であるような体制（たとえば再委託など）を常時確保する必要があります。

書式９　再委託先に求める人員体制の要件（83ページ）

住宅宿泊管理業務を適切に実施するための必要な体制の中に再委託先を利用することが記載されている場合などに、住宅宿泊事業法で義務化されている以下のいずれの業務を再委託先に委託するのかなどを説明する書類です。人員体制図同様、決まった様式があるわけではありません。

[本書面で示す業務内容と住宅宿泊事業法の条文]

・法第５条に規定する宿泊者の衛生の確保に関する業務
・法第６条に規定する宿泊者の安全の確保に関する業務
・法第７条に規定する外国人観光旅客である宿泊者の快適性及び利便性の確保に関する業務
・法第８条に規定する宿泊者名簿の備付け等に関する業務
・法第９条に規定する周辺地域の生活環境への悪影響の防止に関し必要な事項の説明に関する業務
・法第10条に規定する苦情等への対応に関する業務

再委託先は住宅宿泊管理業者である必要はありませんが、委託先の住宅宿泊管理業務の実施について委託者がすべて責任を負うことになりますので、それぞれの業務を適正に遂行できる事業者をしっかり見極めて再委託する必要があります。

当然のことですが、住宅宿泊事業者から委託を受けた住宅宿泊管理業務のすべてを再委託することはできません。あくまで住宅宿泊管理業務の一部を再委託することになります。

書式10　使用する機器の詳細を記載した書面（84ページ）

テレビ電話やタブレット端末などによるゲストの滞在確認や騒音センサーによる管理などを行うことで、人員体制の要件を緩和することをめざす場合は、使用する機器の詳細や具体的な方法を明らかにする必要があります。

この書類も決まった様式があるわけではありませんが、前文として「法第７条の措置」に関するものか、「法第８条の規定による宿泊者名簿の正確な記載を確保するための措置」に関するものか、その他、「法第９条の説明」や「法第10条の規定による苦情や問い合わせへの応答」なのかなど、しっかり記載しておくことが望ましいといえます。また、場合によっては使用する機器の仕様を記載したり、パンフレットなどを添付することも検討します。

書式1　住宅宿泊管理業者登録申請書

第一号様式（第五条関係）　　　　　　　　　　　　　　　　（A 4）

住 宅 宿 泊 管 理 業 者 登 録 申 請 書

（第一面）

住宅宿泊事業法第23条第１項の規定により、住宅宿泊管理業者の登録の申請をします。
この申請書及び添付書類の記載事項は、事実に相違ありません。

○○ 年 ○月 ○ 日

関東 地方整備局長
殿

① 登録申請者　商 号 又 は 名 称　株式会社 甲野不動産
氏　　　名　代表取締役　甲野 一郎　（会社代表印）
（法人である場合においては、代表者の氏名）
電　話　番　号　03－○○○○－○○○○
ファクシミリ番号　03－○○○○－○○○○

受付番号	受付年月日	② 申請時の登録番号
※	※	（　）

登録の種類
③ 1　　1．新規　2．更新

（有効期間：　　年　　月　　日～　　　年　　月　　日）

※	登録番号	国土交通大臣登録(　　) 第　　　号
※	登録年月日	年　　月　　日
※	有効期間	年　　月　　日から 年　　月　　日まで

項番 ④ ◎ 商号、名称又は氏名及び住所

⑦ 法人・個人の別　1　1．法人　2．個人

11		
	法 人 番 号	1 2 3 4 5 6 7 8 9 0 1 2
⑤	フ リ ガ ナ	コウノフドウサン
	商号、名称又は氏名	株式会社甲野不動産
	郵 便 番 号	156－0057
⑥	住　所	東京都世田谷区上北沢○－○－○

確認欄 ※

◎ 代表者又は個人に関する事項

12		
⑧	フ リ ガ ナ	コウノ　イチロウ
	氏　名	甲野　一郎
	生 年 月 日	S－○○年○○月○○日
	性　別	☑ 男性　☐ 女性

確認欄 ※

（第二面）

受付番号 ※

申請時の登録番号 （　　）

該当なし

項番	◎ 法定代理人に関する事項	
13	フリガナ	
	商号、名称又は氏名	
	郵便番号	－
	住所	
	性別	□ 男性　□ 女性

法人・個人の別
□ 1．法人
2．個人

確認欄 ※

項番	◎ 法定代理人の代表者に関する事項 法人である場合）	
14	フリガナ	
	氏名	
	生年月日	－ 年 月 日
	性別	□ 男性　□ 女性

確認欄 ※

項番	◎ 法定代理人の役員に関する事項 法人である場合）	
15	フリガナ	
	氏名	
	生年月日	－ 年 月 日
	性別	□ 男性　□ 女性

確認欄 ※

項番		
15	フリガナ	
	氏名	
	生年月日	－ 年 月 日
	性別	□ 男性　□ 女性

確認欄 ※

項番		
15	フリガナ	
	氏名	
	生年月日	－ 年 月 日
	性別	□ 男性　□ 女性

確認欄 ※

項番		
15	フリガナ	
	氏名	
	生年月日	－ 年 月 日
	性別	□ 男性　□ 女性

確認欄 ※

（第三面）

受付番号 ※

申請時の登録番号 （　　）

項番　◎ 役員に関する事項 法人である場合）

項番			
21	フリガナ	サトウ　ジ゛ロウ	
	氏名	佐藤　二郎	
	生年月日	S－△△年△△月△△日	確認欄 ※
	性別	☑ 男性　□ 女性	

項番			
21	フリガナ	スズ゛キ　ミカ	
	氏名	鈴木　三佳	
	生年月日	S－□□年□□月□□日	確認欄 ※
	性別	□ 男性　☑ 女性	

項番			
21	フリガナ	タナカ　ミヨコ	
	氏名	田中　美四子	
	生年月日	S－××年××月××日	確認欄 ※
	性別	□ 男性　☑ 女性	

項番			
21	フリガナ		
	氏名		
	生年月日	－　年　月　日	確認欄 ※
	性別	□ 男性　□ 女性	

項番			
21	フリガナ		
	氏名		
	生年月日	－　年　月　日	確認欄 ※
	性別	□ 男性　□ 女性	

項番			
21	フリガナ		
	氏名		
	生年月日	－　年　月　日	確認欄 ※
	性別	□ 男性　□ 女性	

（第四面）

受付番号 ※

申請時の登録番号 （　　）

項番　◎　営業所又は事務所に関する事項

30

営業所又は事務所の別	1	1. 主たる営業所又は事務所　2. 従たる営業所又は事務所
営業所又は事務所の名称	本店	
郵便番号	156－0057	
所在地	東京都世田谷区上北沢○－○－○	
電話番号	03－0000－0000	

確認欄 ※

30

営業所又は事務所の別	2	1. 主たる営業所又は事務所　2. 従たる営業所又は事務所
営業所又は事務所の名称	千代田営業所	
郵便番号	102－8688	
所在地	東京都千代田区○○○○－○－○	
電話番号	03－0000－0000	

確認欄 ※

30

営業所又は事務所の別		1. 主たる営業所又は事務所　2. 従たる営業所又は事務所
営業所又は事務所の名称		
郵便番号	－	
所在地		
電話番号		

確認欄 ※

30

営業所又は事務所の別		1. 主たる営業所又は事務所　2. 従たる営業所又は事務所
営業所又は事務所の名称		
郵便番号	－	
所在地		
電話番号		

確認欄 ※

（第五面）

受付番号

※					

申請時の登録番号

（　　）

項番

3	1

◎ 既に有している免許又は登録

業の種類	免許等の番号	免許等の年月日
宅地建物取引業法第３条第１項の免許	東京都知事(02)第00000号	平成28年4月1日
マンションの管理の適正化の推進に関する法律第４４条第１項の登録		
国土交通大臣の登録を受けている賃貸住宅管理業者		

（第六面）

登録免許税納付書・領収証書、収入印紙又は証紙はり付け欄

（消印してはならない。）

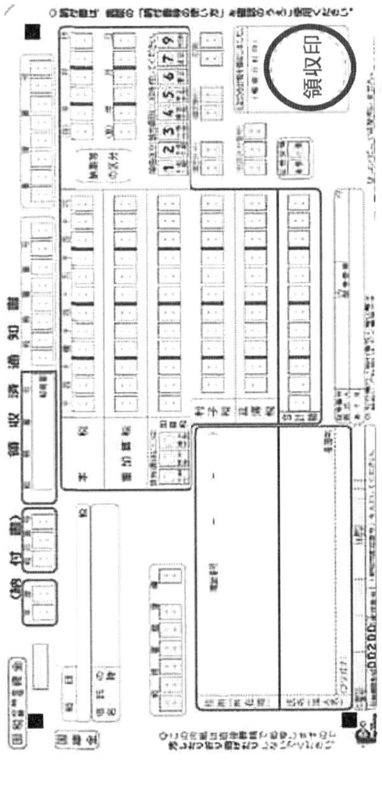

書式2　略歴書

第二号様式（第六条関係）

（A 4）

略　歴　書

住　所	東京都○○区○○町○○丁目○番○号		
（フリガナ） 氏　名	甲《コウ》野《ノ》　一《イチ》郎《ロウ》	生年月日	昭和○○年○月○日
職　名	代表取締役		
職　歴	期　間	従事した職務の内容	
	自 ○○ 年 ○ 月 ○ 日 至 △△ 年 △ 月 △ 日	○○住販株式会社で営業課に従事	
	自 △△ 年 △ 月 △ 日 至 □□ 年 □ 月 □ 日	株式会社△△不動産で総務部に従事	
	自 □□ 年 □ 月 □ 日 至 ×× 年 × 月 × 日	株式会社甲野不動産設立 代表取締役に就任	
	自 年 月 日 至 年 月 日	専任の取引主任者に就任	
	自 年 月 日 至 年 月 日	現在に至る	
	自 年 月 日 至 年 月 日		
	自 年 月 日 至 年 月 日		
	自 年 月 日 至 年 月 日		
	自 年 月 日 至 年 月 日		
	自 年 月 日 至 年 月 日		

上記のとおり相違ありません。

令和　○年○月○日

氏名　　甲野　一郎　㊞

書式3　添付書類

第三号様式（第六条関係）

添　付　書　類

該当なし

（第一面）

相談役及び顧問（法人の場合）

受付番号	申請時の登録番号
※	（　　）

41		
	就任年月日	－　　年　　月　　日
	フリガナ	
	氏名	
	生年月日	－　　年　　月　　日
	性別	□男性　□女性
	住所	

確認欄 ※

41		
	就任年月日	－　　年　　月　　日
	フリガナ	
	氏名	
	生年月日	－　　年　　月　　日
	性別	□男性　□女性
	住所	

確認欄 ※

41		
	就任年月日	－　　年　　月　　日
	フリガナ	
	氏名	
	生年月日	－　　年　　月　　日
	性別	□男性　□女性
	住所	

確認欄 ※

41		
	就任年月日	－　　年　　月　　日
	フリガナ	
	氏名	
	生年月日	－　　年　　月　　日
	性別	□男性　□女性
	住所	

確認欄 ※

（第二面）

100分の５以上の株式を有する株主又は100分の５以上の額に相当する出資をしている者（法人の場合）

受付番号 ※

申請時の登録番号 （　　）

42

フリガナ	コウノ　ウメ		
氏名又は名称	甲野　うめ		
生年月日	S－○年○月○○日		
性別	□男性　☑女性		
保有株式の数（出資金額）	30 株（円）	割合	30 %
郵便番号	102－8688		
住所又は所在地	東京都千代田区○○○○○－○－○		

確認欄 ※

42

フリガナ			
氏名又は名称			
生年月日	－　年　月　日		
性別	□男性　□女性		
保有株式の数（出資金額）	株（円）	割合	%
郵便番号	－		
住所又は所在地			

確認欄 ※

42

フリガナ			
氏名又は名称			
生年月日	－　年　月　日		
性別	□男性　□女性		
保有株式の数（出資金額）	株（円）	割合	%
郵便番号	－		
住所又は所在地			

確認欄 ※

42

フリガナ			
氏名又は名称			
生年月日	－　年　月　日		
性別	□男性　□女性		
保有株式の数（出資金額）	株（円）	割合	%
郵便番号	－		
住所又は所在地			

確認欄 ※

書式４　誓約書

（Ａ４）

第四号様式（第六条関係）

誓　約　書

（法人用）

登録申請者及び登録申請者の役員は、住宅宿泊事業法第 25 条第１項第２号から第４号まで、第６号及び第８号から第 11 号までのいずれにも該当しない者であることを誓約します。

○○ 年 ○月 ○日

商号又は名称　株式会社 甲野不動産
代表者の氏名　代表取締役 甲野　一郎　会社代表印

関東 地方整備局長
~~北海道開発局長~~
殿

書式5　誓約書

（A 4）

第六号様式（第六条関係）

誓　約　書

（個人用）

登録申請者、法定代理人及び法定代理人の役員は、住宅宿泊事業法第25条第1項第1号から第7号まで及び第9号から第11号までのいずれにも該当しない者であることを誓約します。

○○ 年 ○ 月 ○ 日

氏　　　名　　甲野　一郎　　㊞

〔法定代理人
商号又は名称
氏　　　名　　印
（法人である場合においては、代表者の氏名）〕

関東 地方整備局長
~~北海道開発局長~~　殿

書式6　財産に関する調書

（A 4）

第五号様式（第六条及び第二十八条関係）

財産に関する調書

〇〇 年 〇月 〇 日現在

資　　産	価　　格	摘　　要
資　　産		
現　金　預　金	5,000,000	
有　価　証　券	0	
未　収　入　金	0	
土　　　地	20,000,000	
建　　　物	7,000,000	
備　　　品	4,000,000	
権　　　利	800,000	
そ　の　他	0	
計	36,800,000	
負　　債		
借　入　金	2,000,000	
未　払　金	0	
預　り　金	0	
前　受　金	0	
そ　の　他	0	
計	2,000,000	

備　考

①この調書は、登録申請者が個人である場合のみ、記入すること。

②「権利」とは、営業権、地上権、電話加入権その他の無形固定資産をいう。

書式７　事業経歴書・職務経歴書

（A４）

事業経歴書

期　間	事業経歴年数	事　業　の　内　容
自H27年 12 月 至H29年 2 月	満 2 年 1 月	住宅の管理に関する事業（契約実務を伴う業務を含む）
自H29年 2 月 至H30年 5 月	満 1 年 2 月	住宅の管理に関する事業（契約実務を伴う業務を含む）
自　年　月 至　年　月	満　年　月	
自　年　月 至　年　月	満　年　月	
自　年　月 至　年　月	満　年　月	
自　年　月 至　年　月	満　年　月	
自　年　月 至　年　月	満　年　月	
小　計 （累　計）	満 3 年 3 月 （満 3 年 3 月）	

上記のとおり、事業の経歴を有することに相違ありません。

〇〇 年〇〇 月〇〇日

東京都渋谷区〇〇町〇-〇-〇

株式会社　丙野不動産

登録申請者　代表取締役　丙野　左之助 ㊞

備考

「事業の内容」の欄は、登録申請者が行った住宅の取引又は管理に関する契約実務を伴う事業について全て記載すること。
「小計」の欄は、「事業経歴年数」の欄に記載した年数を月単位で通算して記載すること。
複数枚に及ぶ場合は頁毎に累計を記載すること。

（Ａ４）

実務経験者職務経歴書

氏名	丁野　弥彦

期　間	実務経験年数	業　務　の　内　容
自H27年　４　月 至H28年　５　月	満　１　年　２　月	住宅の管理委託契約に関する業務(依頼者との調整業務、契約に関する事項の説明業務、契約書面の作成及び交付業務を含む)
自H28年　５　月 至H30年　５　月	満　１　年　11月	住宅の管理委託契約に関する業務(依頼者との調整業務、契約に関する事項の説明業務、契約書面の作成及び交付業務を含む)
自　　年　　月 至　　年　　月	満　　年　　月	
自　　年　　月 至　　年　　月	満　　年　　月	
自　　年　　月 至　　年　　月	満　　年　　月	
自　　年　　月 至　　年　　月	満　　年　　月	
自　　年　　月 至　　年　　月	満　　年　　月	
小　計 （累　計）	満　３　年　１　月 （満　３　年　１　月）	

上記の者は、上記のとおり実務の経験を有することに相違ないことを証明します。

〇〇 年 〇〇月〇〇日

東京都世田谷区上北沢〇 - 〇 - 〇

株式会社　甲野不動産

証明者　代表取締役　甲野 一郎

証明を得ることができない場合	その理由		証明者と被証明者との関係	

備考

「業務の内容」の欄は、本人が従事した住宅の取引又は管理に関する契約実務を伴う事務について全て記載すること。

「小計」の欄は、「実務経験年数」の欄に記載した年数を月単位で通算して記載すること。ただし、期間が重複している場合でも実期間で通算すること。複数枚に及ぶ場合は頁毎に累計を記載すること。

同時期に２以上の業務を担当した場合には、従事した期間が重複することのないよう留意して記載すること。

証明者は実務の経験をした会社等の代表者とし、複数の会社等での経験を併せて実務経験とする場合は、それぞれの会社等ごとに作成し、それぞれの会社等の代表者が証明すること。

証明者証明を得ることができない場合とは、例えば、過去に従事していた会社で実務の経験があったが、現在当該会社が消滅している場合などが考えられる。単に現在従事している会社以外の実務の経験という理由では認められない。

書式8　人員体制図

苦情等対応における人員体制図

本店

0時～8時：再委託先　丙野不動産のスタッフ3名で対応

8時～17時：自社（本店）スタッフ2名で対応

17時～0時：再委託先　丙野不動産のスタッフ3名で対応

千代田営業所

0時～8時：再委託先　丁野不動産のスタッフ2名で対応

8時～17時：自社（本店）スタッフ2名で対応

17時～0時：再委託先　丁野不動産のスタッフ3名で対応

書式９　再委託先に求める人員体制の要件

再委託先に求める人員体制の要件

【再委託先の情報】

法第５条に規定する宿泊者の衛生の確保に関する業務

商号、名称又は氏名　：己野クリーンサービス株式会社

代表者氏名：己野　薫

主たる事務所所在地：東京都新宿区〇〇町〇－〇－〇

届出住宅を担当する事務所：本店

届出住宅を担当する人数：２人

連絡先：03-0000-0000

法第10条に規定する苦情等への対応に関する業務

商号、名称又は氏名　：壬野マネージメント株式会社

代表者氏名：壬野　誠

主たる事務所所在地：東京都新宿区〇〇町〇－〇－〇

届出住宅を担当する事務所：本店

届出住宅を担当する人数：３人

連絡先：03-0000-0000

書式10　使用する機器の詳細を記載した書面

使用する機器の詳細を記載した書面

法第８条の規定による宿泊者名簿の正確な記載を確保するための措置として、宿泊者の本人確認を以下 ICT 機器で行うこととしており、詳細の機能は以下のとおりです。

<table>
<tr><td rowspan="2">インターネット回線</td><td colspan="2">光回線（1Gbps）</td></tr>
<tr><td colspan="2">サービス名：○○光　超スピードタイプ</td></tr>
<tr><td rowspan="2">端末</td><td colspan="2">タブレット使用</td></tr>
<tr><td colspan="2">製品名：T Pad
仕様：2コア 1.4GHz　2048×1536ピクセル　264ppi</td></tr>
<tr><td>ＯＳ</td><td colspan="2">T OS 11.1.2</td></tr>
<tr><td>ヘッドセット</td><td>無し</td><td>製品名：―</td></tr>
<tr><td>マイク</td><td>内臓</td><td>製品名：○○マイク</td></tr>
<tr><td>音響機器</td><td>内臓</td><td>製品名：○○スピーカー</td></tr>
<tr><td rowspan="2">カメラ</td><td>外付け</td><td>製品名：FULL HD Webカメラ　C-800</td></tr>
<tr><td>画素数</td><td>800万画素</td></tr>
</table>

第３章

その他、住宅宿泊事業運営上の書式

1 住宅宿泊管理標準契約書

国土交通省が推奨する標準モデル契約書

どんな内容なのか

契約書のひな形は、国土交通省より「住宅宿泊管理標準契約書(案)」として公表されたもので、住宅宿泊管理業者が住宅宿泊事業者から住宅宿泊管理業務を受託する場合の管理受託契約書です。

管理業者は、管理業務の受託契約を締結したときは、委託者に対し、すぐに「管理業務の実施方法」や「契約期間」「報酬」などを記載した書面を交付しなければなりません。

標準契約書では、このような記載項目に加え、住宅宿泊事業法により住宅宿泊事業者や住宅宿泊管理業者に義務付けられた行為を実現できるようにモデルが記載されていますので、大変参考になります。

ただし、住宅宿泊管理に関する委託契約の内容は、地域特性や、物件の構造、事業に関わる業者の態様等によって契約内容が異なることに留意して、あくまで参考として活用ください。

住宅宿泊管理標準契約書のポイント

国土交通省推奨の「住宅宿泊管理標準契約書」を活用するには、以下のようなポイントがあります。

① 住宅宿泊管理業者は、管理業務の受託契約時に一定事項の説明や書面交付義務があります（56ページ）が、本契約書には、この必要事項も含まれるため、いずれの義務もクリアできます。

② 別表第1⑴、⑵には「対面」か「非対面」を記載します。非対面の場合は、具体的な本人確認方法を追記するなど工夫が必

要です。たとえば、テレビ電話やタブレット端末などによるICTを用いた方法（54ページ）などです。

③　別表第1⑷には、ゲストへの説明方法について記載します。たとえば、必要な事項が記載された書面を居室に備え付ける、タブレット端末での表示により宿泊者が施設（住宅）に宿泊している間に確認できるようにするなどです。「○か国語」などの指定があってもよいでしょう。

④　別表第2「⑴届出住宅の日常清掃業務」にも関連しますが、別表第4には施設（住宅）より生ずるゴミの回収に関連して「廃棄物収集運搬業許可取得業者」に委託する必要がありますので、しっかりと許可番号も記載する方が、後々のトラブルを防げると考えられます。

■ 管理受託契約の流れ

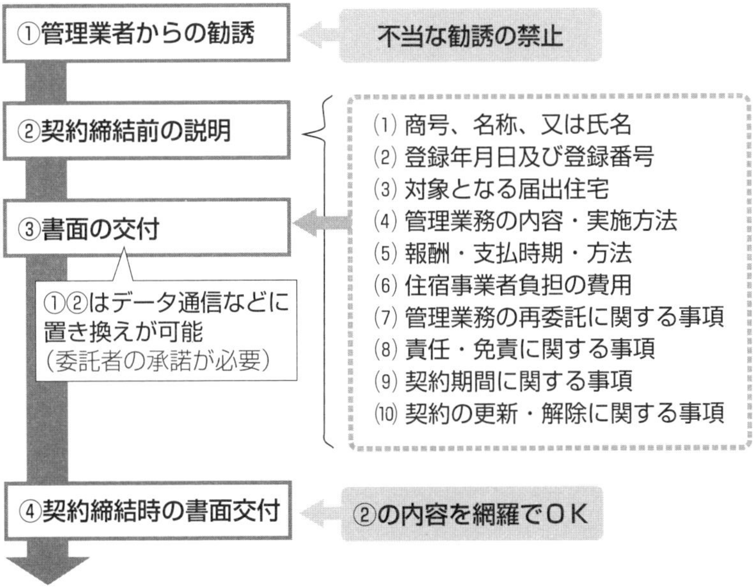

書式　住宅宿泊管理標準契約書

住宅宿泊管理受託標準契約書（案）

頭書部分

（1）当事者の表示

甲 （住宅宿泊 事業者）	氏　名	宅間 ひろし
	住　所	東京都新宿区○○町○－○－○
	連　絡　先	03－○○○○－○○○○
	届出番号	第　○○○○　号
	届出年月日	○○ 年 ○月 ○日
乙 （住宅宿泊 管理業者）	商号（名称）	株式会社 甲野不動産
	代表者	甲野 一郎
	事務所所在地	東京都世田谷区上北沢○－○－○
	連絡先	03－○○○○－○○○○
	登録番号	国土交通大臣（○○）第　○○○○　号
	登録年月日	○○ 年 ○月 ○日

（2）契約期間

始期	○○ 年 ○ 月 ○ 日	終期	○○ 年 ○ 月 ○ 日	期間	○ 年 ○ 月

（3）届出住宅の表示

物件が所在する建物	名　称	
	所在地	東京都新宿区○○町△－△－△
管理物件	部屋番号	
	附属設備	

第１条（目的）この住宅宿泊管理受託契約（以下「本契約」という）は、住宅宿泊事業者が住宅宿泊管理業者に対して住宅宿泊管理業務を委託するに際して、住宅宿泊事業法（以下「法」という）及び関連法令に基づき住宅宿泊管理受託契約を締結するに当たり、当事者が契約の締結に際して定めるべき事項及び当事者が契約の履行に関して互いに遵守すべき事項を明らかにすることを目的とする。

第２条（定義）本契約における用語の定義は，次の各号に定めるところによる。

⑴　住宅　法第２条第１項に定める家屋
⑵　宿泊　寝具を使用して施設を利用すること
⑶　住宅宿泊事業　法第２条第３項に定める事業
⑷　住宅宿泊事業者　法第２条第４項に定める事業者
⑸　住宅宿泊管理業務　法第２条第５項及び法第36条に定める業務
⑹　住宅宿泊管理業者　法第２条第７項に定める事業者
⑺　宿泊サービス提供契約　宿泊者に対する住宅における宿泊のサービスの提供に係る契約
⑻　住宅宿泊仲介業者　法第２条第10項に定める事業者
⑼　宿泊者　宿泊サービス提供契約に基づき住宅に宿泊する者
⑽　宿泊者名簿　法第８条に定める宿泊者に関する名簿

第３条（契約の当事者）本契約において、住宅宿泊管理業務を委託する者を甲とする。甲の氏名等は、頭書⑴記載のとおりである。

２　本契約において、住宅宿泊管理業務を受託する者を乙とする。乙の商号（名称）、代表者、事務所所在地、連絡先、住宅宿泊管理業の登録番号及び登録年月日は、頭書⑴記載のとおりである。

３　甲は、乙に対し、住宅宿泊事業を営むために必要な書類（法第３条第２項の届出書及び同条第３項の書類）、その他甲乙双方が必要と認める書類の内容を通知するものとする。

４　甲又は乙は、頭書⑴に記載する内容及び前項の内容に変更が生じたときは、相手方に対し速やかに通知するものとする。

第４条（契約期間）本契約の契約期間は、頭書⑵に定めるとおりとする。

2　本契約は、甲乙間の協議により更新することができる。

第5条（目的物件及び住宅宿泊管理業務）甲は、その所有又は賃借する頭書(3)記載の住宅（以下「届出住宅」という）につき、次の業務（以下「委託業務」という）を乙に委託する。

(1)　宿泊者等への対応に関する業務（別表第1に掲げる業務）

(2)　清掃・衛生業務（別表第2に掲げる業務）

(3)　住宅・設備管理及び安全確保業務（別表第3に掲げる業務）

2　乙は、前項の規定により受託した住宅宿泊管理業務の全部を第三者に再委託してはならない。

3　乙は、甲の承諾を得た上で、別表第4に定めるところにより、第1項に定める委託業務の一部を第三者に再委託することができる。この場合においても、乙は当該第三者に対し本契約の義務を遵守させるものとし、当該第三者が委託業務を行う上での過失等によって生じた甲又は届出住宅の宿泊者の損害は、乙がその責任を負うものとする。

4　乙は、別表第4に定める事項を変更しようとするときは、甲の承諾を得るものとする。

第6条（委託業務に対する報酬）委託業務の報酬は月額　円（1か月未満の期間にかかる報酬については、その月の日数による日割計算）とし、甲は、乙に対して、毎月末日限り翌月分の報酬を乙の指定する銀行口座に振り込む方法により支払う。但し、振込手数料は甲の負担とする。

第7条（委託業務に要する費用等）甲は、前条の報酬の他、乙が委託業務を実施するのに伴い必要となる水道光熱費を負担するものとする。

2　甲は、乙に対し、前条の報酬及び前項の水道光熱費とは別に、委託業務の実施のために要した届出住宅に設置・配置する備品その他届出住宅を住宅宿泊事業に供するために必要な物品等の購入に要した費用を支払う。

3　前項の費用は、乙からその明細を示した請求書を甲に提示し、その請求書を受領した日の翌月末日限り乙の指定する銀行口座に振り込む方法により支払う。但し、振込手数料は甲の負担とする。

第８条（緊急時の業務） 乙は、第５条の他、災害又は事故等の事由により、緊急に行う必要がある業務で、甲の承認を受ける時間的な余裕がないものについては、甲の承認を受けないで実施することができる。この場合において、乙は、速やかに書面をもって、その業務の内容及びその実施に要した費用の額を甲に通知しなければならない。

２　前項により通知を受けた費用については、甲は、前条第３項に準じて支払うものとする。

第９条（報告） 乙は、甲に対し、届出住宅ごとに、毎年２月、４月、６月、８月、10月及び12月の７日までに、それぞれの月の前二月における人を宿泊させた日数（正午から翌日の正午までの期間を１日として計算した日数）、宿泊者数、延べ宿泊者数、宿泊者の国籍別内訳を報告するものとする。

２　乙は、甲に対し、甲の事業年度終了後及び本契約の期間満了後速やかに、報告の対象となる期間、委託業務の実施状況、届出住宅の維持保全状況及び届出住宅の周辺地域の住民からの苦情の発生状況について書面又は国土交通省関係住宅宿泊事業法施行規則第21条第２項に定める電磁的方法（以下「電磁的方法」という）により報告するものとする。

３　届出住宅又は住宅宿泊事業の実施に関して重大な事項が生じた場合、あるいは、甲から求めがあった場合、乙は前項の報告とは別に書面又は電磁的方法により報告するものとする。

第10条（業務処理の原則） 乙は、信義を旨とし、誠実に委託業務を行うものとする。

２　乙は、届出住宅を善良な管理者の注意をもって管理するものとする。

第11条（宿泊サービス提供契約、宿泊料及び宿泊者情報提供） 甲は、宿泊サービス提供契約の締結の代理又は媒介を他人に委託するときは、住宅宿泊仲介業者又は旅行業者に委託するものとする。

２　甲は、自己の責任と負担において、宿泊者より宿泊料その他料金を収受し、納税等宿泊サービス提供契約及び宿泊料の収受等に伴う処理を行うものとする。

3　甲は、宿泊者との間で宿泊サービス提供契約を締結した場合、乙に対して、速やかにその旨及び宿泊サービス提供契約の概要、並びに、宿泊者の氏名、住所、職業及び宿泊日、また、宿泊者が日本国内に住所を有しない外国人であるときは国籍及び旅券番号を通知するものとする。

第12条（守秘義務）乙及び乙の従業員は、正当な理由がなく、委託業務に関して知り得た甲及び宿泊者の秘密を漏らしてはならない。本契約が終了した後においても、同様とする。

2　乙は、甲及び宿泊者に関する個人情報について、個人情報保護法その他関連法令に従って適正な取扱いを行うものとする。

第13条（反社会的勢力の排除）甲及び乙は、それぞれ相手方に対し、次の各号の事項を確約する。

一　自らが、暴力団、暴力団関係企業、総会屋若しくはこれらに準ずる者又はその構成員（以下総称して「反社会的勢力」という）ではないこと。

二　自らの役員（業務を執行する役員、取締役、執行役又はこれらに準ずる者をいう）が反社会的勢力ではないこと。

三　反社会的勢力に自己の名義を利用させ、この契約を締結するものでないこと。

四　自ら又は第三者を利用して、次の行為をしないこと。

ア　相手方に対する脅迫的な言動又は暴力を用いる行為

イ　偽計又は威力を用いて相手方の業務を妨害し、又は信用を毀損する行為

2　甲又は乙の一方について、次のいずれかに該当した場合には、その相手方は、何らの催告を要せずして、本契約を解除することができる。

一　前項第一号又は第二号の確約に反する申告をしたことが判明した場合

二　前項第三号の確約に反し契約をしたことが判明した場合

三　前項第四号の確約に反した行為をした場合

第14条（賠償責任及び免責事項）乙は、乙又はその従業員が、委託業務の遂行に関し、甲又は宿泊者に損害を及ぼしたときは、甲又は宿

泊者に対し、賠償の責任を負う。

2　前項にかかわらず、乙は、甲、宿泊者及び第三者の故意若しくは過失によって生じた損害、届出住宅の瑕疵によって生じた損害又は乙において予見できなかった事由によって生じた損害については、その責を負わないものとする。

第15条（契約の解約） 甲又は乙は、本契約の契約期間中であっても、相手方に対する書面による通知でもって、本契約を解約することができる。この場合において、本契約は、当該通知が相手方に到達してから３か月の経過をもって終了するものとする。

第16条（契約の解除） 甲又は乙が、本契約に定める義務に関してその本旨に従った履行をしない場合には、その相手方は、相当の期間を定めて履行を催告し、その期間内に履行がないときは、本契約を解除することができる。

第17条（契約終了時の取扱い） 本契約が期間満了、解約又は解除その他の事由により終了したときは、乙は、甲に対し、管理物件に関し保管していた書類及び鍵等を引き渡すとともに、その他甲乙間において必要な精算を行うものとする。

第18条（合意管轄裁判所） この契約に起因する紛争に関し、訴訟の提起等裁判上の手続きをしようとするときは、　地方（簡易）裁判所をもって管轄裁判所とするものとする。

甲及び乙は、法第34条の規定に基づき甲乙間で本契約が成立したことを証するため、本書面２通を作成し、甲・乙記名押印の上、各１通を保有する。

○○年○月○日

委託者（甲）　　東京都新宿区○○町○－○－○
宅間ひろし

住宅宿泊管理業者（乙）　　東京都世田谷区上北沢○－○－○
株式会社　甲野不動産
代表取締役　甲野一郎

別表第１　宿泊者等への対応に関する業務

業　務　内　容	業　務　実　施　要　領
（１）宿泊者への届出住宅の鍵の受け渡し	①　対面において、宿泊予約者であることを確認した上で鍵の受け渡しを行う。
（２）本人確認、宿泊者名簿の作成、管理及び備付け	①　対面により本人確認を行い、日本国内に住所を有しない宿泊者の場合には、宿泊者が施設を利用する前に、旅券の提示を求めるとともに、旅券の写しを宿泊者名簿とともに保存する。 ②　宿泊者名簿を備え付け、宿泊者の氏名、住所、職業及び宿泊日のほか、宿泊者が日本国内に住所を有しない外国人であるときは、その国籍及び旅券番号を記載して３年間保存する。
（３）未チェックイン時の報告	①　宿泊予約者がチェックインされていない場合には、甲にその旨の報告を行う。
（４）騒音の防止のために配慮すべき事項その他届出住宅の周辺地域（同一建物内を含む。以下同じ。）の生活環境への悪影響の防止に関し必要な事項について宿泊者への説明	①　宿泊者に対し、騒音の防止のために配慮すべき事項、ごみの処理に関し配慮すべき事項、火災の防止のために配慮すべき事項、その他届出住宅の周辺地域の生活環境への悪影響の防止に関し必要な事項について説明を書面備え付けによる方法で行う（外国人観光旅客である宿泊者に対しては外国語を用いて行う）。
（５）届出住宅の周辺地域の住民からの苦情及び問い合わせについての対応	①　周辺地域の住民から苦情又は問い合わせの申出があった場合には常時応答を行う。具体的な内容を聴取し、必要に応じて速やかに現場に赴き確認を行う。 ②　宿泊者が、宿泊サービス契約若しくは乙が予め説明した注意事項に反する行為又は周辺地域の生活環境に有害な行為を行っていることが確認された場合には、その行為の中止を求める。 ③　緊急を要する通報を受けた場合には、必要に応じて警察署、消防署、医療機関等の然るべき機関に連絡したのち、自らも現場に急行して対応を行う。その結果、宿泊拒否等の対応を行う必要がある場合には、甲と処理方針を協議する。ただし、甲との間で調整を行う時間的余裕がない場合には、自ら宿泊拒否等の対応を行うことができる。この場合において、対応の内容及び費用を速やか

	に甲に通知し、費用負担に関する調整は事後に行うものとする。 ④　甲及び苦情の申出者に対し必要に応じて処理結果を報告する。
（6）宿泊者による届出住宅への毀損など有害行為に対する措置	①　届出住宅への毀損を行うなど宿泊者が法令に違反する行為又は届出住宅の保存に有害な行為を把握した場合には、その行為の中止を求める。 ②　中止の要求に応じない場合には、甲に法的措置の助言を行う。
（7）長期滞在者への対応	①　連泊する長期滞在者には、定期的に面会を行う。特に宿泊契約が7日以上の場合にはチェックイン時に本人確認を行っていない者が届出住宅に宿泊するようなことがないよう、定期的な清掃等の際に、不審な者が滞在していないか、滞在者が所在不明になっていないか等について確認を行う。
（8）チェックアウト後の届出住宅の状況確認（破損、忘れ物等確認を含む）	①　チェックアウト後の住宅及び設備の破損の有無や、宿泊者の遺失物の有無等について確認し、宿泊前の状態と大きな乖離がないよう維持する。 ②　宿泊者の遺失物があった場合には、遺失物法に従って保管、返還、警察への届出等を行う。

別表第2　清掃・衛生業務

業　務　内　容	業　務　実　施　要　領
（1）届出住宅の日常清掃業務	①　届出住宅の設備や備品等については清潔に保ち、ダニやカビ等が発生しないよう除湿を心がけ、定期的に清掃、換気等を行う。 ②　届出住宅に循環式浴槽（追い炊き機能付き風呂・24時間風呂など）や加湿器を備え付けている場合は、レジオネラ症を予防するため、宿泊者が入れ替わるごとに浴槽の湯は抜き、加湿器の水は交換し、汚れやぬめりが生じないよう定期的に洗浄等を行うなど、取扱説明書に従って維持管理すること。 ③　宿泊者が、重篤な症状を引き起こすおそれのある感染症に罹患し又はその疑いがあるときは、保健所に通報するとともに、その指示を受け、その使用した居室、寝具及び器具等を消毒・廃棄する

	等の必要な措置を講じること。その他公衆衛生上の問題を引き起こす事態が発生し又はそのおそれがあるときは、保健所に通報すること。 ④　届出住宅で生じたごみその他の廃棄物は、放置しないように適切に搬出し、処理方法に応じて分別集積し、必要に応じて速やかに処理を行う。
(2) 寝具・衛生用品の洗濯及び設置	①　寝具のシーツ、カバー等直接人に接触するものについては、宿泊者が入れ替わるごとに洗濯したものと取り替える。
(3) 備品の管理及び補充	①　備品の有無及び残量を確認し、必要に応じて補充する。

別表第３　住宅・設備管理及び安全確保業務

業　務　内　容	業　務　実　施　要　領
(1) 届出住宅及び設備の維持・管理	①　台所、浴室、便所、洗面設備、水道や電気などのライフライン、ドアやサッシ等の届出住宅の設備が正常に機能するよう保全する。 ②　空室時における施錠の確認や届出住宅の鍵の管理を行う。 ③　外国語を用いて、届出住宅の設備の使用方法に関する案内、届出住宅から最寄り駅までの経路を記載した書面を届出住宅に備え付けることによるほか、タブレット端末への表示等により、宿泊者が届出住宅に宿泊している間必要に応じて閲覧できる方法により案内を設置する。
(2) 非常用照明器具の設置、点検、避難経路の表示その他災害発生時の避難体制の確立と宿泊者に対する避難支援	①　非常用照明器具を宿泊室及び避難経路に設置し、定期的に点検を行う。届出住宅に同時に複数のグループを宿泊させる場合には、宿泊者使用部分の各居室に、連動型住宅用防災警報器等を設置する。 ②　避難経路を表示（市町村の火災予防条例の規則内容を確認し、規定された事項を表示に盛り込む）する。
(3) 外国語を用いて、火災、地震その他の災害が発生した場合における通報連絡先に関する案内	①　外国語を用いて、消防署、警察署、医療機関、住宅宿泊管理業者への連絡方法を必要な時に速やかに確認することが可能な方法により備え付ける。

（4）宿泊者からの建物、設備に対する苦情等への対応	① 宿泊者から建物、設備等の不具合について苦情等があった場合には、状況を確認し、必要な対応を行う。 ② 建物、設備等に関して修繕等の必要があると認められる場合には、修繕業者に連絡し、見積書を作成させる。工事内容、費用について甲と協議し、甲の合意を得る。修繕業者に対して、工事を発注する。工事終了後、点検を行った上、甲に対し、工事費用の請求を行う。 ③ 事故等により、緊急に修繕の必要があり、甲と乙との間で事前に調整を行う時間的余裕がない場合は、乙は②の手続きによらず、修繕を実施することができる。この場合においては、修繕の内容及び費用を速やかに甲に通知する。
（5）諸官公庁等への届出事務の代行	① 必要に応じ、官公署、電力、ガス会社等への諸届けを代行する。

別表第4

再委託予定者に関する事項

商号、名称又は氏名	株式会社 みんぱく クリーン
主たる事務所の所在地	東京都世田谷区上北沢×－×－×
届出住宅を担当する事務所	同 上
再委託する業務内容	別表第2(1) ④廃棄物の分別、集積、処理

2 民泊制度運営システム

民泊に関連した問題解決のためにシステム化された制度

届出・登録や報告はインターネットでもできる

住宅宿泊事業（民泊）に関わる者にとって最大の関心事は、「どこで事業が行われているのか」「何日営業したのか」「何人宿泊したのか」です。違法営業の場合はもちろん、旅館業法上の許可を取得している場合であっても、従来の制度では、これらを国が把握することは不可能でした。

これらを解決するために始まったのが住宅宿泊事業法であり、旅館業法では対象外であった民泊仲介サイトや、民泊管理代行業者なども規制の対象とすることになりました。

しかし、対象の事業者を監督する機関が都道府県知事、国土交通大臣、観光庁長官と異なっているため、住宅宿泊事業法が施行されても、それぞれの関連性を把握することは困難であることから、住宅宿泊事業法は全国共通の管理・運営システム（民泊制度運営システム）を用いることになっています。

これにより、事業者にとっては、届出や登録、報告などをインターネットから行うことができ、行政もそれぞれの施設がどこにあり、何日営業しているのか、何人宿泊しているのか、どの施設とどの管理業者が契約しているか、どの施設がどの仲介サイトで顧客を得ているかなどを的確に把握できることになります。

手続きをどのようにシステム化するのか

民泊制度運営システムでは、事業者による届出書・登録申請書の作成・送信から行政担当者による届出書・登録申請書の確認・

受理まですべてネット上で行うことができます。

この住宅宿泊事業者届出や住宅宿泊管理業者登録申請は、すべての書類の作成と送信をネット上で行う「電子届出・登録」と、基礎的な内容の送信をネット上で行い、添付書類などを郵送や持参により提出する「電子届出・登録（一部書類別送）」、必要な書類の作成をネット上で行い、届出や登録はすべて郵送や窓口で行う「書類作成のみ」の３種類があります。

①　電子届出・登録の流れ

「電子届出・登録」の場合、まず、事業者がパソコン上で届出や登録の書類を作成し、送信を行います。行政担当者が届出や登録を確認し、内容に不備がなければ、受理の通知を事業者に行うことで完了します。ただし、行政担当者が届出や登録を確認した際に不備があれば、届出や登録の修正の連絡をした上で、事業者より修正した書類等の送信を行います。

なお、住宅宿泊管理業者に比べて、住宅宿泊事業は一般個人の届出が中心となることが予想されているため、電子署名の利用を

■ 民泊制度運営システムの概要

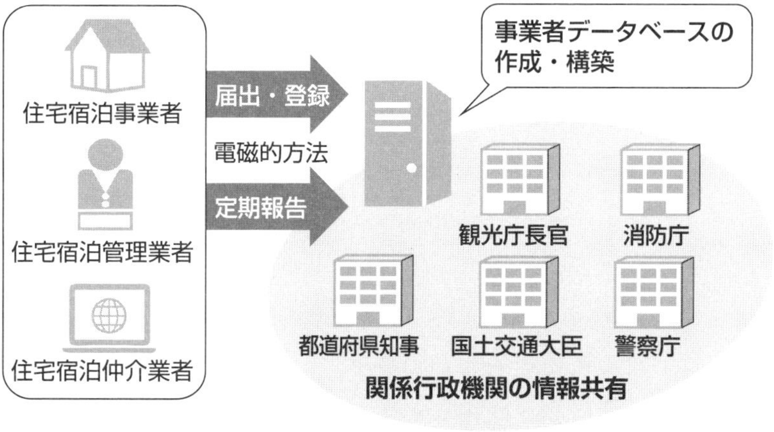

原則とすると、実現性に乏しくなる可能性が指摘されています。

② 電子届出・登録（一部書類別送）の流れ

①同様、まず事業者がパソコン上で書類を作成し、送信を行いますが、添付書類などは郵送や持参による方法で提出します。行政担当者が届出や登録の書類と添付書類を確認し、届出や登録の書類や添付書類の内容に不備がなければ、受理の通知を事業者に行うことで完了します。内容に不備がある場合の流れは①と同様です。

③ 届出書類作成のみ

「届出書類作成のみ」の場合、事業者がパソコン上で届出や登録の書類を作成するだけで届出送信を行わず、出力した上で窓口に提出します。

本人確認について

民泊制度運営システムによる、住宅宿泊事業の届出や住宅宿泊管理業者の登録は「電子署名利用」と「電子署名なし」という2種類が想定されています。

① 電子署名利用

電子署名・証明書を利用する方式で、添付書類なども電子化することになりますが、住宅宿泊事業者に比べると、住宅宿泊管理業者は知識や経験も豊富な企業の参入が前提となっているため、住宅宿泊事業の届出より、電子署名などの活用は多いと考えられますが、いずれにしても、電子署名の活用は高いハードルと考えられます。利用できる電子署名は公的個人認証サービスと商業登記認証です。また、登記情報提供サービスも利用可能です。

はじめに事業者がIDとパスワードの発行を申請し、IDとパスワードに加えて電子署名・証明書を用いて届出や登録申請を電子申請します。この際、添付書類なども電子化して一緒に送信します。不備があれば、再申請が求められますが、不備がなければ、届出番号や登録番号が通知されます。民泊制度運営システムの最大の利点は、その後、手間になる定期報告をオンライン上で行える点にあります。

② 電子署名なし

①の電子署名利用方式とは異なり、届出書や申請書を印刷して窓口に直接したり、郵送する方式です。前述した「③届出書類作成のみ（前ページ）」は必ずこのパターンになります。

はじめに事業者がIDとパスワードの発行を申請し、申請事項を入力して申請書類などを自動生成し、印刷した申請書に捺印等を行って窓口に提出しますが、事前にIDとパスワードを登録しているため、電子署名利用方式同様、事後の定期報告などはオンライン上のみで行うことができます。

■ 民泊制度運営システムによる届出イメージ ……………………

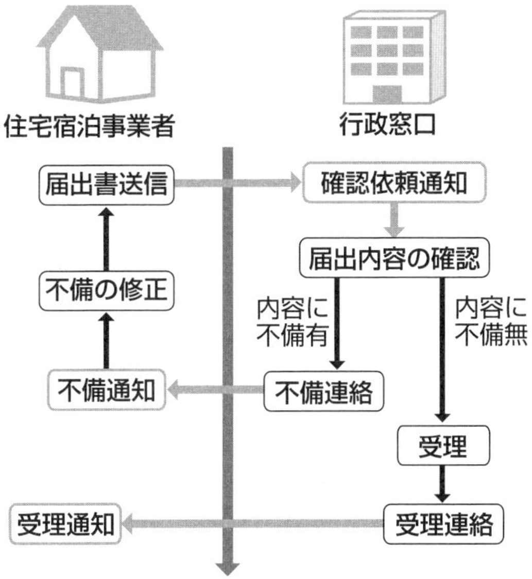

3 オンラインの手続き

必要事項を入力し、最下部にある「届出書出力」をクリックすればよい

画面上で設定できる

住宅宿泊事業の届出や、住宅宿泊管理業の登録をオンラインで行うには、検索サイトで「民泊制度運営システム」という単語を入力して探すか、Webブラウザに「https://www.mlit.go.jp/kankocho/minpaku/」と入力してアクセスするのがよいでしょう。

ここでは、現在もっとも利用が多いと考えられている電子署名を使わない「③書類作成のみ」の種類を例に、実際の「民泊制度運営システム」について説明します（手続きは、住宅宿泊事業届出を想定）。

まず、「民泊制度運営システム（民泊制度ポータルサイト）」にアクセスし、トップページの「民泊を始める」のカテゴリ内にある「民泊制度運営システムの利用方法」をクリックします。

「民泊制度運営システムの利用方法」ページ内にある「利用者登録」をクリックします。

続いて表示される「民泊制度運営システム利用にあたっての注意事項」に問題なければ「確認」をクリックします。

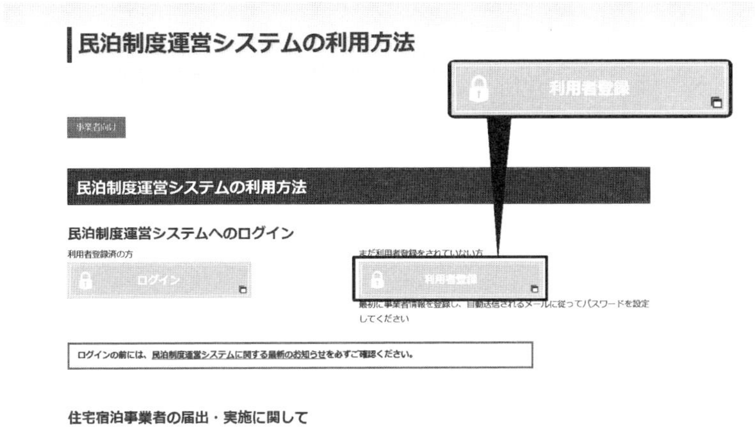

「事業者登録」画面で「事業者区分（ここでは、住宅宿泊事業者）を選択し、「姓名」「メールアドレス」を入力し、「私はロボットではありません」にチェックを入れて、申請をクリックすると、記載したメールアドレス宛に「仮登録メール」が送信されます。

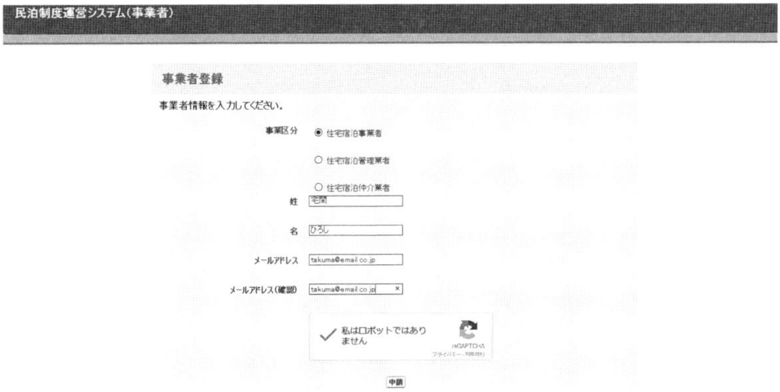

送られてきたメール本文の登録確認用ＵＲＬをクリックすると、パスワード設定画面になりますので、パスワードを設定します。

パスワード設定後、「宿泊事業者メニュー」が表示されますので、「届出書作成」をクリックします。

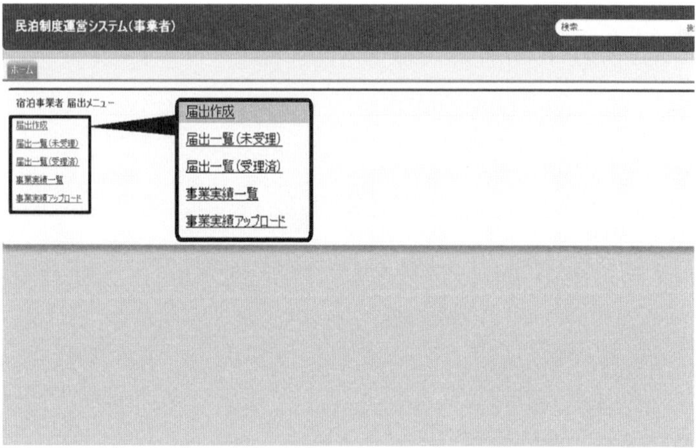

28～34ページの説明を参考に、それぞれ必要な事項を入力します。

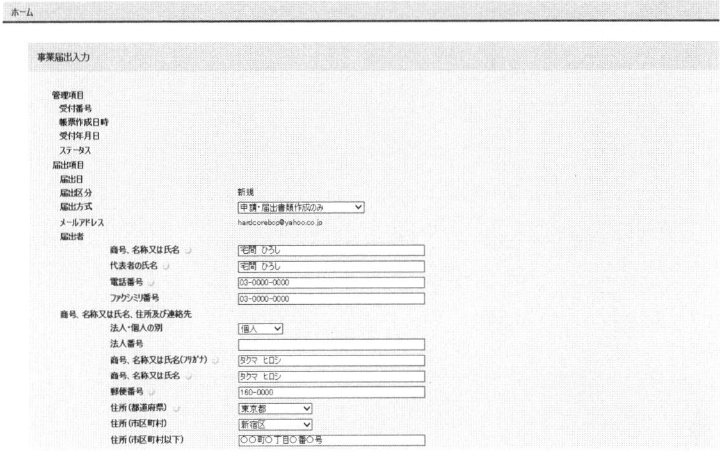

すべての必要事項を入力し終えたら、最下部にある「届出書出力」をクリックします。今回は、電子署名を使わない「③書類作成のみ」の種類を例にしていますので、添付書類の欄にチェックを追加する必要はありません。

入力内容に不備がある場合は、エラーメッセージが表示されますのでメッセージに従って修正してください。

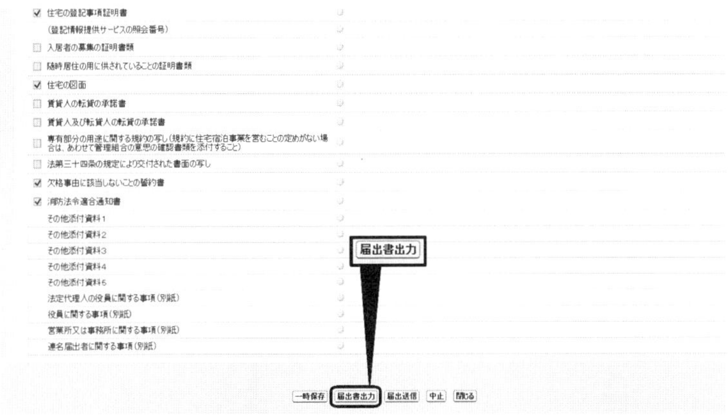

4 事業開始後の注意点

事業開始後には、さまざまな責務がある

住宅宿泊事業者にはどのような責務があるか

住宅宿泊事業の届出を終えると、法律上、住宅宿泊事業者として以下のような義務が発生します。

① 標識の掲示義務

住宅宿泊事業者は、届出住宅ごとに、公衆の見やすい場所に、指定の標識（次ページ）を掲げなければなりません。標識を掲示する際には、ラミネート加工等の風雨に耐性のあるもので作成・加工を施すことが望ましいとされています。マンションなどの共同住宅では、標識の一部分を、集合ポスト等の掲示が可能なスペースに合わせて掲示するようにしましょう。

② ゲストに対する義務

ゲストに対する主な義務は「衛生の確保」「宿泊者名簿の備付け」になります。ゲストが外国人の場合は、外国語による外国人観光客に対する宿泊時の快適性や利便性の配慮が必要になります。以下、それぞれ詳細を説明します。

・衛生の確保

住宅宿泊事業者は、営業する民泊の定期的な清掃や換気を行うことが義務付けられています。具体的には、設備や備品等を清潔に保ち、ダニやカビなどが発生しないよう除湿を心がけ、定期的に清掃、換気等を行うことです。

また、寝具のシーツ、カバーなど、直接人に接触するものについては、宿泊者が入れ替わるごとに洗濯したものと取り替えなければなりません。浴室についても、追い炊き機能や加湿器を備え付けている場合は、レジオネラ症を予防するため、宿泊者が入れ替わるごとに浴槽の湯を抜くことや、加湿器の水を抜かなければなりません。

■ 住宅宿泊事業者の義務

住宅宿泊事業者の義務	主な内容
知事への報告	2か月ごとに「宿泊日数」「宿泊者数」「延べ宿泊者数」「国籍別の宿泊者数の内訳」などを報告
宿泊者の衛生確保と安全確保	設備等を清潔に保ち、定期的に清掃 リネン類は、宿泊者ごとに洗濯　など
宿泊名簿の備え付け	宿泊者の氏名、住所、職業、宿泊日、国籍、旅券番号などを記録
周辺住民に対する義務	外国語による騒音防止・ゴミの処理・火災の防止等の説明、周辺住民からの苦情・問い合わせ対応
外国人ゲストに対する快適性と利便性の確保	外国語による設備の説明・移動手段の説明、火災・災害が発生時の通報連絡先表示
安全確保措置	非常用照明器具の設置、避難経路の表示、災害発生時の対策

■ 3つの標識

第4号様式

第5号様式

第6号様式

・宿泊名簿の備え付け

ゲストが宿泊するごとに、氏名、住所、職業、宿泊日、国・旅券番号（外国人の場合）を記録し、宿泊名簿として３年間保存しなければなりません。よくある失敗として、グループで宿泊される場合の代表者のみの記載でよいと思ってしまう例があります。

予約は代表者が行っていてもチェックイン時には宿泊者全員の記録が必要です。

なお、民泊仲介サイトなどであらかじめ、上記の記録がなされ、ファイルや磁気ディスクなどで記録し、プリントアウトがいつでもできる状態であれば問題ありません。その際、チェックインもきちんと宿泊施設からの配信であることが確認でき、ゲストの顔や旅券が画像により鮮明に確認できるのであれば、届出した民泊に備え付けたテレビ電話やタブレット端末などで行うことも認められています。

・外国人観光旅客である宿泊者の快適性と利便性の確保

住宅宿泊事業者は、ゲストが外国人の場合、設備の使用方法、移動のための交通手段、火災、地震その他の災害が発生した場合における通報連絡先に関する案内などにつき、外国語を用いて行わなければなりません。これは努力義務（違反しても罰が課され

■ 宿泊名簿に記載すべき事項

宿泊者名簿に記載すべき事項

- ① 宿泊者の氏名・住所・年齢・性別・職業
電話番号
- ② 到着年月日時と出発年月日時
- ③ 前宿泊地と行き先
- ④ 宿泊者が日本国内に住所を有しない
外国人であるときは、国籍と旅券番号

ない義務）ではなく、明確な義務とされていることに注意が必要です。

③　営業所の周辺住民に対する義務

民泊は、その周辺住民にあたえる影響が大きいことから、住宅宿泊事業者には、「迷惑行為等に関する説明」と「周辺住民からの苦情対応」という２つの義務があります。以下、それぞれ詳細を説明します。

・迷惑行為等に関する説明義務

宿泊するゲストが外国人の場合、国ごとに異なるしきたり、マナーなどの違いから、思わぬ事で周辺住民とのトラブルに発展します。そこで、チェックイン時の口頭説明や、施設への書面備え付けなどの方法で、「騒音防止に関すること」「ゴミの処理に関すること」「火災防止に関すること」などの説明義務があります。

ただし、地域ごとに事情は異なることから、営業開始前にしっかりと意見聴取した上で、営業場所に応じた追加の説明内容を加えていく必要があります。たとえば「民泊内での性風俗サービス利用禁止」や「卸売市場関係者が多く住むため、夜８時以降は静かに」などです。

・周辺住民からの苦情対応

上記の迷惑行為にも関連しますが、民泊では、事業者が予期しないことで周辺住民から深夜の苦情が寄せられることが多くあります。「ゲストが酔っ払って騒いでいる」「開錠ナンバーを忘れたみたいでドアをたたいている」「施設がわからなくなり、周辺に助けを求めている」など、緊急事態に管理者の連絡がとれないようでは、話になりません。そこで「深夜早朝を問わず、常時、応対や電話対応できる」「緊急時、必要に応じて、警察署、消防署、医療機関などの機関に連絡した後、自らも現場に急行できる」などの体制構築が必須になります。

また、滞在中のゲストの行為により苦情が発生し、当該ゲストに対して注意等を行っても改善がなされないような場合には、現場に急行して退室を求めるなど、必要な対応を講じる必要があります。

変更事項に関する届出義務

住宅宿泊事業者は、以下の①から⑥の事項に変更に変更があったときは、変更のあった時から30日以内に、⑦を変更しようとするときは事前に都道府県知事に対して届け出なければならないものとされています。

① 商号・名称、氏名、住所
② 法人の場合の役員（代表者を含む）
③ 未成年者の場合の法定代理人
④ 営業所や事務所（名称や所在地）
⑤ 住宅宿泊管理業者の場合、登録番号
⑥ 届出住宅の詳細
⑦ 委託している住宅宿泊管理業者

また、以下の事項に該当する場合は、それに関係する者が30日以内に都道府県知事に届け出る必要があります。

① 個人の場合で死亡した場合（相続人が届出）
② 法人で合併し、消滅した時（代表者が届出）
③ 法人で破産した時（破産管財人が届出）
④ 法人で解散した時（生産人が届出）
⑤ 事業を廃止する時（届出者個人か、法人の代表者が届出）

報告や立入検査もある

住宅宿泊事業者は、「届出住宅に人を宿泊させた日数」「宿泊者数」「延べ宿泊者数」「国籍別の宿泊者数の内訳」について定期的に都道府県知事に報告しなければならないものとされています。

定期的というのは、毎年2月、4月、6月、8月、10月、12月の15日までに、それぞれの月の前2か月分を報告するとされています。

このことから、管理業務を住宅宿泊管理業者に委託している場合は、正確な報告を行うため、住宅宿泊事業者と住宅宿泊管理業者が締結する管理受託契約の事業内容に「定期的な情報提供」を盛り込んでおく必要があります。

住宅宿泊事業者の責務を果たさない場合の処分

たとえば、定期的に都道府県知事への定期報告が行われない場合、都道府県知事より連絡が届きます。この際に連絡が取れないと、現場の確認がなされ、事業の実態がないことが確認された場合には、確認後30日を経過した時点で、事業が廃止されたものとみなされますので、その後営業を行ってしまうと違法営業になってしまうので注意が必要です。また、報告をしていないこと自体は30万円の罰金とされています。

報告以外にも、住宅宿泊事業者が定められた義務を適切に履行していると認められない場合や、住宅宿泊事業法の目的から見て適正な運営がなされていないときも同様に、以下のような行政指導や処分が都道府県知事よりなされます。

①　業務改善命令

まずは、都道府県知事より、住宅宿泊事業者に対して業務の方法の変更や業務の運営の改善に必要な措置をとることを命じます。

②　報告徴収・立入検査

上記の他、都道府県知事は、業務に関して報告を求めたり、施設に立ち入って業務の状況や設備、帳簿書類等を検査したり、関係者に質問することができます。

③　業務停止命令

住宅宿泊事業者に明確な法令違反があったり、①の業務改善命令に違反した場合、都道府県知事は１年以内の期間を定めて、営業の全部または一部の停止を命ずることができます。

④　業務廃止命令

都道県知事は、①の業務改善命令や③の業務停止命令でも、監督の目的が達成できないと判断された場合は、事業の廃止も命じることができます。

⑤　処罰

住宅宿泊事業者が②の報告をしなかった場合や変更届出を怠った場合は30万円の罰金、③の業務停止命令や④の業務廃止命令に従わない場合は、６か月以下の懲役か100万円以下の罰金（併科もあります）に処されます。

住宅宿泊管理業者にはどのような責務があるか

住宅宿泊管理業の登録をすると、法律上、住宅管理業者として以下のような義務が発生します。

①　禁止事項

住宅宿泊管理業者は、その名称を他人に名義貸しすることや、「管理に係る責任、報酬額、契約解除」について、事実に相違する表示をしたり、実際より著しく優良・有利であると人を誤認させるような誇大広告をすること、不当な勧誘などをする行為なども禁止されています（56ページ）。その他、住宅宿泊管理業務のすべてを第三者に再委託することも許されません（ただし、掃除やゴミ回収など、一部の事実行為を再委託することは認められています)。

② 契約に関する義務

住宅宿泊管理業者は、管理受託契約の締結の際に管理受託契約の内容やその履行に関する事項について書面を交付して説明する義務を負います(56ページ)。

③ 住宅宿泊管理業務の遂行に関するもの

住宅宿泊管理業務の受託をした場合、本来、住宅宿泊事業者に義務化されていた「宿泊者の衛生確保と安全確保」「宿泊名簿の備え付け」「周辺住民に対する義務」「外国人ゲストに対する快適性・利便性の確保」のすべての義務(106～108ページ)が受託管理業者にも課されます。また、住宅宿泊管理業務を実施する際は、その業務を従事する者に住宅宿泊管理業者の従業者である証明書を携帯させなければなりません。

その他、住宅宿泊事業者に対して管理業務の実施状況や管理する住宅の維持保全の状況、周辺住民の苦情発生状況を報告する義務があります。

④ 標識の掲示

住宅宿泊管理業者は、営業者や事務所に住宅宿泊管理業者登録票を掲示しなければなりません。

住宅宿泊管理業者は更新義務がある

住宅宿泊事業者の届出と異なり、登録制である住宅宿泊管理業者は、5年ごとにその更新を受けなければ、その期間の経過によって、その効力を失ってしまいます。更新の手続きができるのは、現に受けている登録の有効期間の満了の日の90日前から30日前までの間とされています。この際の更新料は、19,700円(電子申請の場合は19,100円)です。

変更事項に関する届出義務

住宅宿泊管理業者は、以下の①から⑤の事項に変更に変更があったときは、変更のあった時から30日以内に国土交通大臣に対して届け出なければならないものとされています。

① 商号・名称、氏名、住所
② 法人の場合の役員（代表者を含む）
③ 未成年者の場合の法定代理人
④ 営業所や事務所（名称や所在地）
⑤ すでに有している免許や登録がある場合、免許番号や登録番号

住宅宿泊管理業者の責務を果たさない場合の処分

住宅宿泊管理業者が定められた義務を適切に履行していると認められない場合や、住宅宿泊事業法の目的から見て適正な運営がなされていないときなどは、以下のような行政指導や処分が国土交通大臣よりなされます。

① 業務改善命令

国土交通大臣より、住宅宿泊管理業者に対して業務の方法の変更や業務の運営の改善に必要な措置をとることを命じます。

② 業務停止命令

住宅宿泊事業者に明確な法令違反があったり、①の業務改善命令に違反した場合、その他、破産などした場合、国土交通大臣は１年以内の期間を定めて、営業の全部または一部の停止を命ずることができます。

③ 登録の抹消

国土交通大臣は、５年内に住宅宿泊管理業者より更新手続きが

なされない場合や廃業等の届出があったとき、①の業務改善命令や②の業務停止命令でも、監督の目的が達成できないと判断された場合は、事業の登録抹消をする権限を有しています。

その他、適正な運営を確保するため必要があるときには、国土交通大臣は、住宅宿泊管理業者に報告を求めたり、立入検査をすることができます。

④　処罰

住宅宿泊管理業者が変更の届出を怠った場合や受託管理業務の遂行義務を怠った場合は、30万円以下の罰金、名義貸しをした場合、１年以下の懲役や100万円以下の罰金に処されます（併科も可）。②の命令に違反した場合、６か月以下の懲役や50万円以下の罰金に処されます（併科も可）。

■ 住宅宿泊管理業務のつながり

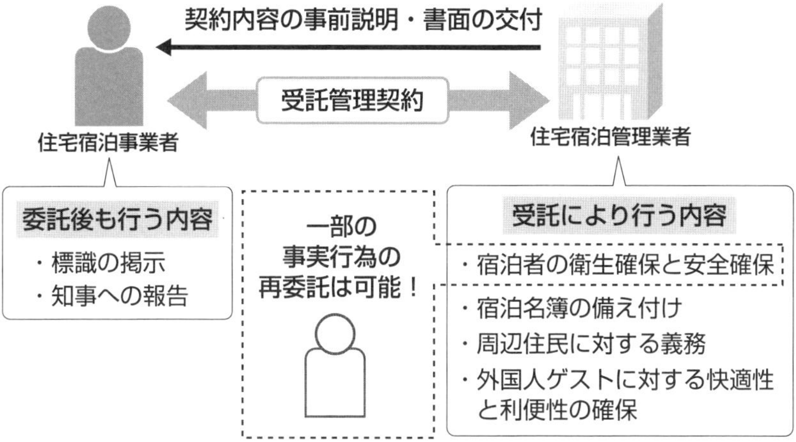

参考　住宅宿泊管理業従業者証明書

第九号様式（第十八条関係）

表

従　業　者　証　明　書

従業者証明書番号

2.4 cm

写

真

3.0 cm

（　年　月撮影）

従業者氏名　　　　　　　　（　年　月　日生）

業務に従事する
営業所又は
事務所の名称
及び所在地

この者は、住宅宿泊管理業者の従業者であることを証明します。

証明書有効期間　　　年　　月　　日から
　　　　　　　　　　年　　月　　日まで

登録番号　国土交通大臣（　）第　　　号

商号、名称又は氏名

主たる営業所又は事務所の所在地
代　　表　　者　　氏　　名

5.392 cm以上 5.403 cm以下

8.547 cm以上 8.572 cm以下

裏

備　考

住宅宿泊事業法抜粋

第三十七条　住宅宿泊管理業者は、国土交通省令で定めるところにより、その業務に従事する使用人その他の従業者に、その従業者であることを証する証明書を携帯させなければ、その者をその業務に従事させてはならない。

2　住宅宿泊管理業者の使用人その他の従業者は、その業務を行うに際し、住宅宿泊事業者その他の関係者から請求があったときは、前項の証明書を提示しなければならない。

備　考

1　従業者証明書番号の付し方は、次の方法によること。

(1)　第1けた及び第2けたには、当該従業者が雇用された年を西暦で表したときの西暦年の下2けたを記載するものとする。

(2)　第3けた及び第4けたには、当該従業者が雇用された月を記載するものとする。ただし、その月が1月から9月までである場合においては、第3けたは0とし、第4けたにその月を記載するものとする。

(3)　第5けた以下には、従業者ごとに、重複がないように付した番号を記載するものとする。

2　業務に従事する営業所又は事務所に変更があったときは、裏面に変更後の内容を記入し、営業所又は事務所の長の印を押印すること。

3　従業者の現住所等必要な事項がある場合には、裏面に記入すること。

4　用紙の色彩は青色以外とすること。

5　証明書の有効期間は5年以下とすること。

第4章

旅館業の手続きと書式

1 旅館業の基本

日数制限のない旅館業の許可取得を検討する

旅館業の種類と法改正の内容

旅館業とは、「宿泊料を受けて人を宿泊させる営業」と定義付けがなされており、①宿泊料を受けて、②人を宿泊させる、③営業行為を行う場合で住宅宿泊事業を行わないのであれば、原則として、旅館業の許可を取得する必要があります（一部特区民泊という制度があります）。2018年6月に改正法が施行されましたが、従来、旅館業法の許可区分は、次ページ表のように「ホテル営業（洋客室10室以上）」「旅館営業（和室5室以上）」「簡易宿所営業（客室を大人数で使用）」「下宿営業（1か月以上を単位とする）」の4類型とされていました。

日本全体におけるこれらの施設の割合は長らく5割程度が旅館営業であり、3割程度が簡易宿所営業、2割程度がホテル営業となっていましたが、近年では簡易宿所の新規許可営業数が急増し、全体の4割を占める勢いとなっています。

内訳としても従来の簡易宿所営業が、カプセルホテルやゲストハウスをはじめ、ドミトリー、コテージ、バンガロー等であったのに対して、新規のほとんどすべてが民泊である点も特徴的です。

こういった背景をふまえて2017年12月成立の旅館業法改正により、以下のような旅館業法の許可区分見直しと構造・設備要件の緩和がなされました。

・ホテル営業と旅館営業が「旅館・ホテル営業」として統合

従来は別区分であった「ホテル営業」と「旅館営業」の営業種別が一つの区分へと統合され、「旅館・ホテル営業」となりました。

これに伴い、「客室の最低数」「寝具の種類（洋室・和室）」「客室の境（洋室は壁づくり、和室は板戸、襖等）」といった構造・設備要件も撤廃されました。規制改革会議の「旅館業規制の見直しに関する意見（2016年12月）」によれば、これらを撤廃することにより、これまで阻まれていたホテル・旅館事業者の創意工夫や、外国人観光客を含む宿泊需要の拡大や宿泊ニーズの多様化に対応することが可能になるとされています。

■ 改正前の旅館営業区分表

	ホテル営業	旅館営業	簡易宿所営業	下宿営業
客　室	10室以上 （洋室を主体）	5室以上 （和室を主体）	客室を大人数で使用 （共用しない客室の延べ床面積は総客室面積の半分未満） ※階層式寝台は2層で上下1m以上間隔	1か月以上の期間を単位として宿泊料を受ける形態
1客室の床面積（客室専用の浴室・便所・洗面所も含む）	洋式客室9㎡以上 和式客室7㎡以上	洋式客室9㎡以上 和式客室7㎡以上	3.3×（収容定員）㎡以上 （10名以下の場合）	
定　員	1名あたり3㎡を超える有効面積を確保	1名あたり3㎡を超える有効面積を確保	1名あたり1.5㎡を超える有効面積を確保	
フロント（玄関帳場）	宿泊者と面接できる3㎡以上の受付事務に適した広さのフロント等を設ける	宿泊者との面接に適した広さのフロント等を設ける	多くの都道府県では、左に準ずる	
浴　室	洋式浴室又はシャワー室を用意	入浴設備を用意（近接に浴場等の入浴施設がない場合）	入浴設備を用意	
食事提供	ロビーか食堂を用意	飲食を提供しない場合、厨房なくても可	飲食を提供しない場合、厨房なくても可	

その他、採光・照明などの要件や、トイレ・風呂などの要件、床面積要件などについても、見直しが図られています。

・玄関帳場の規制について

「ホテル営業」や「旅館営業」はもちろん、多くの都道府県においても負担が大きい設備要件とされていた玄関帳場について、大きな規制緩和がなされました。

具体的には、「受付台の長さが1.8m以上」等の要件は撤廃され、ICTの活用などによりセキュリティ面や本人確認の機能が代替できる場合は玄関帳場の設置が免除されるというものです（ただし、各都道府県によっては条例で帳場が必須のままの要件とされている可能性もあります）。なお、ICTの活用としては、たとえば、コンビニエンスストアなどにチェックインポイントを設け、そこで入手した電子鍵により玄関の鍵の開閉を行うスマートロックを活用することなどが挙げられます。

・無許可営業者等に対する規制の強化

これは、どちらかというと住宅宿泊事業法の成立と関係が深いのですが、旅館業法改正前まで違法民泊（旅館営業の無許可営業）に対しては、旅館業法に定める「３万円の罰金」を科すという対処法しかなく、違法な民泊ビジネスの広がりを抑制する効果がありませんでした。要件の厳しい許可を前提とせずに、比較的取り組みやすい住宅宿泊事業の届出制度ができても、違法民泊のリスクが低いと判断されては届出はなされず、違法民泊はなくなりませんので、旅館業法の改正に伴い、無許可旅館営業者等に対する罰金の上限額を３万円から100万円に、その他旅館業法に違反した者に対する罰金の上限額を２万円から50万円に引き上げました。また、これまで存在しなかった無許可旅館営業者に対する都道府県知事等による報告徴収や立入検査等の権限規定も追加されています。

法令に定められた設備基準

旅館営業では、許可を受けようとする区分ごとに、一定の基準を充たしていなければなりません。旅館業を管轄するのは、保健所です。これは旅館業というものが、宿泊者の滞在期間中の生活の基礎となる空間を提供することや、たくさんの人が出入りするため、衛生管理を怠ると大きな事故につながることがあるからに他なりません。

したがって、旅館業に対しては法令に定められた構造基準や衛生基準があります。以下の内容は、各都道府県に共通して要求される簡易宿所の構造基準や衛生基準となっています。

なお、多くが抽象的な表現であり、具体的な数値等の詳細は条例によるため、都道府県ごとにかなり異なります。

■ 旅館業法改正の主な内容

種別	旅館・ホテル営業	⇒ ホテル営業・旅館営業の営業種別を統合
種別	客室数の最低数	⇒「ホテル 10 室以上、旅館５室以上」要件を撤廃
種別	客室の最低床面積	⇒ 洋式・和式の定めを撤廃
種別	寝具の種類・客室の境	⇒「洋室９㎡以上、和室７㎡以上」要件を撤廃
構造	採光・照明設備	⇒ 照明：数値基準を撤廃、採光：数値基準を緩和
構造	便所	⇒ 数値基準を撤廃
構造	入浴設備	⇒「元ホテル」の要件を緩和（元旅館要件に統一）
	玄関帳場	⇒ 数値規制は撤廃。ICT 活用等による免除。
	罰則の強化	⇒ 罰金の引き上げ。都道府県知事等にの権限規定
	暴力団排除	⇒ 旅館業の欠格要件に暴力団排除規定等を追加

【簡易宿所の構造基準】

① 客室の延床面積は、33㎡（宿泊者数10人未満の場合は、宿泊者1人につき3.3㎡）以上である必要があります。

② 階層式寝台を有する場合は、上段と下段の間隔は、おおむね1m以上である必要があります。

③ 適当な換気、採光、照明、防湿、排水の設備を有する必要があります。

④ 宿泊者の需要を満たすことができる規模の入浴設備を有する必要があります。

⑤ 宿泊者の需要を満たすことができる適当な規模の洗面設備を有する必要があります。

⑥ 適当な数の便所を有する必要があります。

【簡易宿所の衛生基準】

① 収容定員に応じて十分な広さを有し、清掃が容易に行える構造である必要があります。

② 客室の前面に空地があるなど衛生上支障がない場合を除いて、客室は、地階に設けることができません。また、窓のない客室も設けることができません。

③ 適当な規模の玄関、玄関帳場を設けることが望ましいとされています(帳場設置の有無は条例に委ねられています)。

④ 廊下・階層式寝台を置く客室の通路は、適当な幅を有する必要があります。

⑤ 浴室は主に、以下の基準を満たす必要があります。

ⓐ 浴室・脱衣場の内部が外から容易に見えないようにする必要があります。

ⓑ　清潔で衛生上支障のないよう清掃が容易に行える構造である必要があります。

ⓒ　共同浴室を設ける場合は、原則として男女別に分け、各１か所以上のものを有する必要があります。

ⓓ　浴槽・洗い場には、排水に支障が生じないよう適切な大きさの排水口を適当な位置に設ける必要があります。

⑥　洗面所は、宿泊者の利用しやすい位置に設け、十分な広さを有している必要があります。

⑦　トイレは、宿泊者等の利用しやすい位置に設け、適当な数を有する必要があります。共同便所を設ける場合は、男子用、女子用の別に分けて、適当な数を備え付けなければなりません。

⑧　適当な換気、採光、照明、防湿、排水の設備を有する必要があります。客室は、窓等により自然光線が十分に採光できる構造とし、照明設備は、施設内のそれぞれの場所で宿泊者の安全衛生上・業務上の必要な照度を満たすものである必要があります。

その他、関連する法令について

人を宿泊される事業を行おうとした場合、営業許可の取得について保健所を通して行えば、それだけで旅館業を営むことができると誤解されている例がたくさんあります（ここでは特区民泊や住宅宿泊事業法を考慮しないものとして説明します）。

しかし、厳密に言えば、保健所が所管とする旅館業法は、旅館業の業務の適正な運営の確保と公衆衛生の向上を目的とするにとどまり、旅館施設自体のリスクや、火災・地震等の災害による被害を軽減することなどが考慮されていません。

この旅館施設自体のリスクについて必要な法律が建築基準法であり、火災・地震等の対策として必要な法律が消防法です。

旅館業は宿泊者の健康面にとどまらず、命にかかわることもある非常に責任の重い事業であることを認識し、建築基準法や消防法についてもしっかり理解しておきましょう（詳細は204ページ）。

その他、観光客等に対して、宿泊サービス以外に「運送サービス」や「旅行商品の企画・個々のサービスの手配」などをする場合には、旅行業法に基づく登録が必要になります。

さらに、旅館業によって排出されるゴミは産業廃棄物処理法に定める「廃棄物」に該当します。このことから、旅館業によって排出されるゴミを旅館業施設付近にある家庭ゴミと混ぜて自治体の回収に出すと産業廃棄物処理法違反となります。

産業廃棄物処理法に基づく許可を受けた業者にゴミ回収を依頼する必要がありますが、この際、産業廃棄物の収集運搬許可しか持たない業者に回収させることも違法です。事業から排出されるゴミは産業廃棄物処理法において、「一般廃棄物」と「産業廃棄物」に分かれているため、適切な処理業者（一般廃棄物収集運搬業者と産業廃棄物収集運搬業者）に委託しないと罰せられるわけです。

■ 廃棄物の分類

廃棄物	市町村処理	一般廃棄物	・産業廃棄物以外の事業系のゴミ ・家庭ゴミ（一般ゴミ、粗大ゴミ） ・特別管理一般廃棄物 家庭電化製品のPCB使用部品、集塵（じん）施設に収集されたばい塵、感染性一般廃棄物など
	事業者処理	産業廃棄物	・事業系ゴミのうち政令で定められたゴミ 燃え殻、汚泥、廃油、廃プラスチック類など ・特別管理産業廃棄物 爆発性、毒性、感染性など人の健康や生活環境に被害を生ずるおそれがあるもの

2 住宅を旅館に変更する場合の注意点

住宅宿泊事業法と異なり、住宅からの用途変更となる

住宅を旅館に活用するということ

民泊ビジネスの収益性に注目が高まり、旅館業の許可取得が流行していましたが、実際には適法に旅館業を行えない物件も多く存在することが、見過ごされている傾向にありました。これはAirbnbなどの民泊仲介サイトに登録されている物件であっても同様で、実際に法令違反で摘発されるケースが後を絶ちません。

住宅宿泊事業法においては、要件により住宅と同等による取扱いがありますが、旅館業については、市場に流通する物件など、基準に適さない物件が多くあることに注意が必要です。

旅館業に適した物件とは、言い換えれば、旅館業法だけでなく、建築基準法、消防法、都市計画法などの基準をクリアできる物件といえます。これから専用の建物を新築する場合であっても、中古物件を活用する場合であっても、共通する基準は多いので、それぞれの法律を中心に基本的なポイントについて説明していきます。なお、これらの法律は自治体ごとの条例で緩和、あるいは強化されていることがありますので、あらかじめ管轄の窓口に確認する必要はあります。また、旅館業法や建築基準法、消防法以外にもバリアフリー法（条例）や、景観法（条例）など、細かい法令を遵守しなければならない場合もあります。

立地に関する条件

一番はじめに注意しなければならないのは、物件の立地条件です（ここでいう立地条件とは、集客のしやすさに関するものでは

なく、法律上、営業不可の規制があるか否かの条件)。都市計画法では、住居、商業、工業など地域の特性に基づき12種類の分類(209ページ)がなされていますが、このうち旅館業ができるのは「第一種住居地域、第二種住居地域、準住居地域、近隣商業地域、商業地域、準工業地域」の6種類の用途地域とされています。

ただし、上記以外であっても各自治体が特別用途地区など、用途制限を緩和している地域については、旅館営業を行うことができます。なお、住宅宿泊事業法では、建物の用途が「住宅」のままで宿泊事業を行うことが前提とされているため、都市計画法上の住居専用地域でも、条例の規制がない限り、宿泊事業を行うことが可能になります。

どのような建物を旅館にできるか

住宅宿泊事業法では、マンションの一室などを民泊に活用する例も考えられますが、旅館業では、マンション一室のみを活用することは、玄関帳場(フロント)設置義務や、建物の用途変更(100㎡以上の床面積を一定の事業等に用いる際に必要な建築基準法上の手続き)、消防設備などの課題があり、適法に行うのは、ほとんど不可能です。

このことから、現状、旅館業に適した物件は戸建てのみとなり、アパートやマンションについては、ワンフロア全体や一棟丸ごと旅館業に転用する場合のみ検討の余地があります。

用途変更と適法性

住宅として建てられた建物を旅館業に活用する場合、建築基準法上、「用途変更」という行為に該当します。よく用途を変更する面積が200㎡未満であれば、建築基準法上や消防法上の用途変更にはあたらないと誤解されるケースがありますが、これは「建築基準法上の確認申請」という手続きが法律上、不要とされている（免除されている）だけで、建築基準法や消防法に適合しなくてもよいわけではありません。

特にこれから中古物件を購入する場合、検討している物件が増改築されており、規定の建ぺい率（敷地面積に対する建築面積の割合）が超過していないか、あるいは容積率（敷地面積に対する建築延べ面積の割合）が超過していないかという点に注意する必要があります。また、建築確認申請のされていない増改築でないか、接道条件を満たさなくなっていないか（４m以上の道路に２m以上接しているか）などの確認が必要です。これらに該当する物件は違法建築物ですので、適法な営業をすることはできません。

一方で、現行法上では、建ぺい率や容積率を超過しているものの、新築時や建築確認申請時の法律では適法であった建物の場合

■ 旅館業に適した物件かを判断する目安

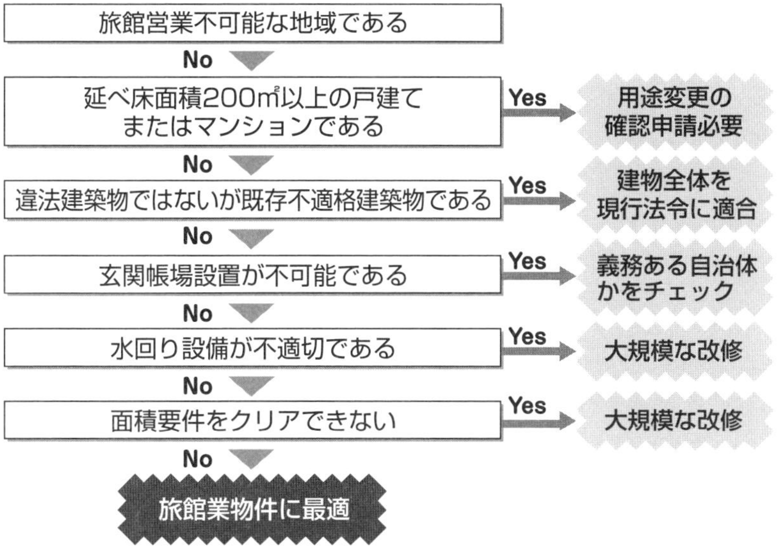

は、既存不適格建築物と呼ばれ、用途変更などの確認申請をする際に建物全体を現行法令に適合させる必要があります。

その他の確認事項

その他の確認事項には大きく分けて①玄関帳場設置可否、②水回り設備、③客室面積等があります。

①　玄関帳場設置可否

2016年の旅館業法改正により、宿泊客10人未満の場合、必須条件ではなくなりましたが、今なお、多くの自治体の条例により、玄関帳場（フロント）設置が義務付けられています。

玄関帳場は、宿泊客が利用する空間から明確に区画されており、さらに客室を利用しようとする者が必ず通過し、その出入りを容易に視認することができる場所に設置する必要がありますので、簡単に言うと建物の入り口すぐの場所に自治体ごとに定められた面積以上確保できる物件でなければ、許可を取ることができません（東京都大田区の場合、３㎡以上）。また、天井高さの２分の１以上開口部が必要などの要件がある自治体もあります。

②　水回り設備

水回り設備の主なものは、浴室、便所、洗面となります。多くの場合、浴室は浴槽付きで、浴室の前に脱衣所が備わっている必要があります。便所は収容人員ごとに個数が定められている自治体（５人ごとに一個など）や、東京都大田区のように最低２個としているもの、東京都品川区のように各階に男女別設置という厳格なものまであります。いずれの場合も、手洗いを設置する必要があり、東京都大田区のように、水タンク上の手洗いを認めない例もありますので、専用スペースを設けるのが望ましいといえます。

③　客室面積等

ホテル営業と比べると、民泊（簡易宿所）の場合、共用部の面積要件は厳格ではありませんが、客室や寝室については、厳格です。まず、客室の延床面積は、3.3㎡に宿泊者の数を乗じる面積以上なければなりません（３名の場合9.9㎡以上）。

さらに寝室面積（客室のうち、寝ることが可能な面積）は寝台の場合、１名につき３㎡以上、布団の場合、2.5㎡以上必要です。この面積には、設置された固定の机や扉の開閉スペースなどが除かれることもあります。また、客室の窓面積として、合計客室面積の10分の１以上の広さがなければなりません（都道府県により異なります）。

■ 住宅宿泊事業法と旅館業法との比較

	住宅宿泊事業法	旅館業法(簡易宿所)
日数要件	年間 180 日以内	なし
客室床面積	宿泊者数に応じた面積基準（3.3 ㎡ × 宿泊者以上）	33 ㎡以上（10 人未満 =3.3 ㎡ × 宿泊者数）
事業開始手続	届出（役所の裁量なし）	許可（役所の裁量あり）
住民トラブル防止措置	・苦情対応義務 ・「標識」提示義務 ・ゲストへの説明義務	なし
宿泊者名簿	氏名、住所、職業 旅券番号等	氏名、住所、職業 旅券番号等
ゲスト確認手続き	氏名、住所等は宿泊サービス提供契約書等で担保	10 人未満の施設の場合、本人確認、緊急体制等の代替措置があれば不要
衛生措置	定期的な清掃等の実施	換気、採光、照明、防湿、清掃等の措置
管理者の規制	一定の条件に該当すると国土交通省に登録された管理業者に外部委託する義務有	なし （ただし、労働安全衛生法の義務は別途あり）
行政処分権限	定期報告義務、立入検査、業務改善命令、業務停止命令	報告徴収、立入検査、業務改善命令、業務停止命令

3 手続きの全体像と必要書類

関係法令の基準をすべて充たすと許可を取得できる

旅館業許可手続きの流れは

民泊に最も活用されている旅館業法上の簡易宿所営業の許可を得るまでの大まかな流れは、①事前相談、②関係機関への照会・相談、③申請手続き、④建物の検査、⑤許可の取得という経過をたどります。もっとも、申請先の自治体により手続きの流れが異なりますので、事前の確認が必要です。

①　事前相談

簡易宿所営業の許可を取得するには、旅館業法だけでなく、建築基準法・都市計画法・消防法等の関係するすべての法令（自治体の条例を含みます）の基準を充たさなければなりません。申請先である保健所（保健センター）に加えて、各法令を所管する部署と事前に相談し、法令に適合するように建物の設備・構造の整備などを行いましょう。事前相談の際には、簡易宿所営業を行う建物の図面などの資料を持参しましょう。たとえば、建築基準法の規制（前面道路や建物構造基準など）は各市区町村の建築審査課で、消防法の規制（自動火災報知設備や誘導灯の設置など）は建物所在地を管轄する消防署で相談ができます。

②　関係機関への照会・相談

申請を受理した保健所は、市区町村の建築審査課（建築指導課）、消防署、教育機関、都道府県庁などの関係部署に照会を行います。照会の結果、法令上の問題が判明したときは、保健所から追加の書類提出が求められることがあります。また、建物所在地から100m ～ 200m以内（都道府県の条例により異なります）に学校等

（幼稚園、小学校、児童が利用する図書館、公園など）がある場合は、許可申請の前に当該学校等に対しても意見照会を行い、了解を得る必要があります（照会自体は保健所等を介して行います）。

なお、自治体によっては、消防署が消防関係法令等に適合することを確認することで発行する通知書（消防法令適合通知書）の提出を求められる場合もありますので、事前相談は重要です。

③　申請手続き

旅館業法上の許可権者は都道府県知事（建物所在地が保健所設置市または東京23区の場合は市長または区長）です。しかし、実務上は建物所在地を管轄する保健所（保健センター）が申請先となっていますので、保健所の担当部署に申請を行います。

④　建物の検査

関係部署への照会が終わると、消防署の職員や保健所の職員が、建物について法令上の基準に適合しているかどうか検査を行います。厳密な流れとしては、ⓐ消防署の手続き、ⓑ消防署の検査、

■ 旅館業法上の営業許可申請手続きの流れ

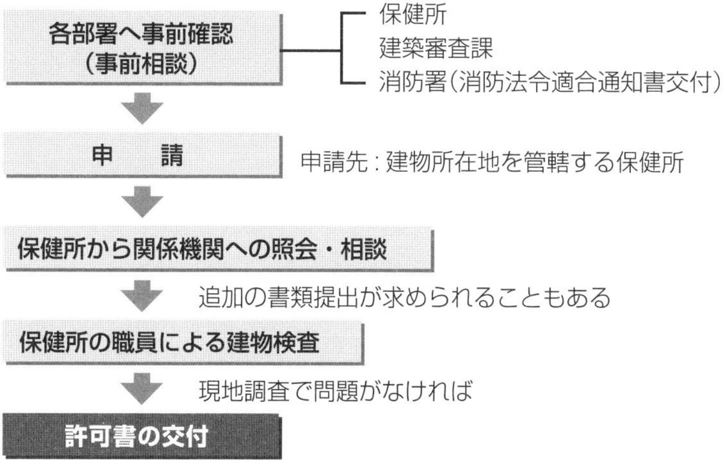

ⓒ消防法令適合通知書交付、ⓓ保健所の手続き、ⓔ保健所の検査、となります。

⑤　許可の取得

以上の手続きを経て、関係するすべての法令（自治体の条例を含みます）の基準を充たしていると判断されると、保健所より簡易宿所営業の許可が下ります。

どんな書類を提出するのか

簡易宿所営業の許可申請をするときに作成する申請書は「旅館業営業許可申請書」です。許可申請書に記載する主な事項は、①簡易宿所営業を行う建物（営業施設）の名称、②営業施設の所在地、③営業の種別（簡易宿所営業であることを記載します）、④営業施設の構造設備の概要、⑤申請者に旅館業法違反該当の有無と該当するときはその内容、⑥建物の管理者の氏名です。

⑤に該当する場合、保健所は許可を与えないことができます。許可が下りないとゲストハウスや民泊を行えませんが、虚偽記載は公正証書原本不実記載罪（刑法157条）という犯罪になり得ますので、申請書は正確に書かなければなりません。

添付書類などについて

許可申請書の添付書類として提出する主な書類は、①付近見取図、②建物に関する各図面、③定款の写しや登記事項証明書、④消防法令適合通知書です。その他、自治体や建物所在地によっては、追加して提出すべき添付書類が生じる場合があります。また、申請手数料も自治体によって異なりますので（２～３万円台が多い）、事前の確認が必要です。

①　付近見取図

付近見取図とは、建物を中心にその周辺を示した地図のことです。簡易宿所営業の許可申請の際は、営業施設から半径200～300m以内の住宅、道路、学校などが記載された見取図を作成します。

② 建物に関する各図面

配置図（建物の配置や敷地との位置関係を示した図）、各階平面図（建物を上から見た図）、正面図（建物を前から見た図）、側面図（建物を横から見た図）を作成します。客室などにガス設備を設ける場合は、ガスの配管図の作成も必要です。

③ 定款の写しや登記事項証明書

申請者が法人である場合にのみ提出が義務付けられます。登記事項証明書は6か月以内に発行されたものを提出します。

④ 消防法令適合通知書

電気工事士や消防設備士などが、消防用設備等の設置を行い、消防用設備等設置届出を提出すると、防火対象物使用開始届を提出することができます。さらに、旅館業の場合は同時に消防法令適合通知書交付申請を行い、消防署の検査を受けることで、旅館業許可申請に必要な消防法令適合通知書が交付されます。事業者の方から要望しないと、電気工事士や消防設備士から消防法令適合通知書交付の手続きはしてもらえない場合がありますので、注意が必要です。

自治体ごとの条例改正

改正旅館業法は、2017年12月8日に成立し、同月15日に公布されていますが、法律の施行は2018年6月15日に住宅宿泊事業法の施行にあわせて行われました。

一部、すでに改正旅館業法を前提とした旅館業法条例の改正を行っている自治体（都道府県や市町村）もありますが、多くの自治体では2018年6月をめどに条例の改正を行っています。本来的には、改正旅館業法の附則により「改正旅館業法施行前の準備行為」として新しい区分である「旅館・ホテル営業」の許可申請が行えるとされていますが（たとえば客室５部屋に満たない施設であっても、簡易宿所営業ではなく、旅館・ホテル営業の許可申請が可能）、実務上、施設を所管する自治体の構造設備要件を定める条例が改正されていないことを理由に、移行期には申請を行うことが難しいという状況がありました。

その後の条例の対応を見ると改正旅館業法では多くの構造設備要件が緩和されたり、撤廃されており、これまで事業者の負担が大きかった玄関帳場の免除なども前提とされていますが、現段階の各自治体の表明などで、従来の構造設備と同等の要件を維持する考えや、玄関帳場を変わらず求める姿勢を示す自治体などもあるようです。

■ 旅館業に関して条例が担う主な規制内容一覧 ……………………

構造設備基準の内容	根拠法
換気、採光、証明、防湿、排水等の設備の設置	国の政令
入浴設備、洗面設備、便所の設置	国の政令
客室床面積に関する基準	国の政令
採光や照明の数値基準	自治体ごとの条例
洗面設備の設置数基準	自治体ごとの条例
便所の設置数基準、便器、男女別等の基準	自治体ごとの条例
浴室の設置数基準、浴槽、脱衣所の設置基準	自治体ごとの条例
調理室に関する基準	自治体ごとの条例
寝具に関する基準	自治体ごとの条例
玄関帳場設置有無・数値基準	自治体ごとの条例
客室出入口に関する基準	自治体ごとの条例

4 必要な書類と書き方（東京のケース）

新宿で許可申請する場面を想定したケース

どんな書類を作成するのか

東京都の新宿区において旅館業法上の簡易宿所の許可を取得して適法に民泊を行う場合を想定し、実際の許可申請手続きに必要となる主な書式の書き方を説明します。

ただし、各自治体によって様式や添付書類は異なります。ここでは東京都の中でも民泊需要の高い新宿区の申請を例に書類の内容や作成方法を解説しますが、構造基準や添付書類等はあくまでさまざまな自治体での申請でも参考にできるよう標準的な内容としています。

ここで紹介する内容でイメージをもっておき、実際の申請の際は必ず事前に事業を行おうとする所在地を管轄する保健所などに事前相談に赴き、必要書類の確認や様式、申請書の作り方などを聞き取るようにしましょう。

書式1　旅館業許可申請書（144ページ）

旅館業許可申請書は、主に許可申請者や施設の概要などを記載する様式です。自治体によっては、敷地面積や建物の建築面積、使用する面積など登記事項に記載されている情報を記載する場合もあります。

また、申請書の中に申請に必要な添付書類が列挙されていることもあります（本事例では申請書の裏面に列挙されている想定です）。

①　申請者欄

申請者の詳細を記載します。個人の場合は住所地と生年月日を記載します。添付書類にも住民票が必要になりますので、住民票に記載されている通りに住所を記載します（「１－２－３」と普段記載している住所は、登記事項では、「１丁目２番地３号」や「１丁目２番３号」などと記載されていることが多いようです）。なお、法人の場合は、名称（商号）だけではなく、代表者名も併記します。この際、定款や登記事項証明書をあわせて提出する必要がありますので、同様にこれらの証書に記されている通りに記載します。

② 「施設の名称・所在地」

施設の名称に決まりはありません。実際に看板等に表示する名称を記載します。施設の所在地も必ず登記事項に記載されているとおりに記載します。

③ 「営業の種別」

「ホテル・旅館営業」か「簡易宿所営業」かを選択します。民泊で「下宿営業」となることは、まずないと考えられます。

多くの自治体では「簡易宿所営業」の区分で許可を受けようとする際、申請しようとする施設の延べ床面積のうち、過半の床面積が多数人（家族等ではない相互に関係のない者同士の複数グループ）によって当該施設を共用するもの（個室仕様の客室面積が延べ床面積の過半を超えないもの）でなければ、営業が認められない場合がありますので注意が必要です。

④ 「季節的営業等に該当することの有無」

簡易宿所営業を行う場合でも、季節的に一時営業するものや、交通が著しく不便な地域にある場合などは「あり」となりますが、通常の場合は「なし」で申請します。

自治体によっては「旅館業法施行規則第５条第１項に該当することの有無」や「特例の適用の有無」等の表現がなされていることがあります。

⑤ 「旅館業法第３条第２項第１号から第３号までに該当することの有無」

これは「欠格事由」というもので、法律によって定められている欠格事由に該当していると許可を取得することができません。旅館業法３条２項１号から第３号では以下を欠格事由としています。

１号　成年被後見人・被保佐人 ２号　破産している者 ３号　禁錮以上の刑事罰を科された者や、執行後３年を経過していない者

１号の欠格事由については、令和元年６月に「成年被後見人等権利制限適正化法案」が公布され、あわせて令和元年９月に整備法が施行されているため、今後は欠格事由からは除外されることとなります。

⑥ 「管理者」

住宅宿泊事業法とは異なり、現在のところ、管理者に関する規制はありませんが、管理者の住所や携帯電話番号については申請先に通知しておく方が、行政に対する手続きが円滑に進むと考えられます（大阪市や京都市では、様式に記載欄が設けられています）。

書式２　構造設備の概要（145 ～ 146ページ）

構造設備の概要は、実際の宿泊施設の詳細について、旅館業法などの構造設備基準をクリアしていることを示す書類です。

① 「幼稚園、学校、児童福祉施設、社会教育に関する施設、その他の施設からの距離」

旅館業法では、開業しようとする施設から、おおむね100mの範囲内に学校教育法に定める学校や、児童福祉法・認定こども園設置法等に定める施設に対して、施設環境を著しく害するおそれがある場合には、営業許可を与えないとすることができるため、本項目でこれらの施設がどれくらいの距離内に存在するかを記載します。

② **「面積」「建物の種類」「使用部分」**

「敷地面積」「建築面積」「延べ面積」「構造」などは基本的には登記事項証明書通りに記載します（ただし、実測値との乖離が大きい場合は、実測値を記載し、窓口で説明が必要な場合があります）。

「専有面積」は実際に旅館業に供する面積ですが、この面積には、管理者の控え室や、寝具、消耗品置きなどの面積も含まれます。

③ **「客室」**

平面図（書式７）などから導いた客室数や面積の詳細を記載します。

客室面積の算出方法について、それぞれの解釈は自治体ごとに差異がありますので、あらかじめ管轄の窓口に相談する必要があります。

また、自治体によっては有効面積（寝室面積）という面積を独自に説明させる場合があります（本事例の新宿区では書式３にて記載が求められています）。

なお、定員の計算方法は、客室面積、有効面積（寝室面積）を自治体ごとの条例で決められた㎡数で除算することで導きます。この際、定員ごとに浴室、便所、洗面などの数が定められているケースも多く、便所や洗面の基準（たとえば、５名につき１個）によって客室面積や有効面積では上限10名が可能な場合でも、最終的に定員５名が上限となる等の例が多くあるため注意が必要です。

④ **「便所」**

便所の形式を選択し、階ごとの便所の数を「共用」や「個室」に分けて記載します。自治体ごとの条例では収容人員ごとに便所の数や、男女の別など、厳格な基準が課されていることがあるので、注意が必要です。

⑤ 「洗面所」

洗面で使用している水の種類や個数を記載します。なお、近年では洗面所は「混合せん（お湯と水を調整して出すことができるもの)」であることが一般的ですが、ここでは「湯せん」として記載しています。

⑥ 「浴室」

浴室の詳細を「共用」「個室」ごとに記載します。なお、浴室に限りませんが、浴室や客室等にガス設備を設けている場合は、別途、ガス配管図などを添付書類としなければならないことがあります。また、自治体によっては入浴設備に循環ろ過装置がある場合に循環ろ過の概略図面を求める場合もあります。

⑦ その他

特に新宿区では「寝具」が和寝具（布団）の場合に、これらを格納する場所の確保が入念に確認され、収容人員からみて合理的なスペースであるかも問われる場合があります。

また、2018年の改正旅館業法により、ビデオカメラ等の顔認証による本人確認機能等（ICT設備）を用いた管理体制（玄関帳場代替設備によるゲスト対応）が認められることになったため、これらを導入する場合は、その有無（本事例では「玄関帳場その他設備」と表現）の記載や、設備の所在地、機能、性能などを示す必要があります。

書式３　客室の概要（147ページ）

客室の概要では、各客室の面積、有効面積、定員、採光面積等を記載します。客室とは共用部分を除く浴室、便所、洗面所、寝室、その他の宿泊者が通常立ち入る部分をいいます。

新宿区では、客室面積について「壁芯」と「内法」の両方で記載することを求めています。壁芯とは、壁の中心線により囲まれた部分の面積で、内法が内壁で囲まれた部分の面積を求めます。

また、有効面積（寝室面積）は、客室面積のうち、宿泊者が睡眠、休憩等に利用する部分の合計床面積をいいます。したがって、立ち入らないクローゼット等の収納部分や床の間に止まらず、浴室、便所などを客室面積から除外して算出します。

自治体によっては開き戸の扉が通過する床部分を寝室面積（有効面積）から除外しなければならない場合もあります。

採光面積とは、客室の採光を確保するため、自然光を取り入れるのに有効な面積のことをいいますが、端的に言えば客室内にある窓面積の合計を指します。

旅館業の場合、窓面積は客室の有効床面積の10分の１～８分の１以上が必要と定めている自治体がほとんどで、中でも新宿区のように客室の有効床面積の10分の１以上の窓面積を要求している自治体が多いと思われます。

書式4　申告書（148ページ）

申告書は、137ページで説明した旅館業法第３条第２項第１号から第３号で定められている欠格事由に自らが該当していないことを誓約するものになります。

許可要件に直結する欠格事由について、疎明する書類となりますので、144ページ書式１で用いた印鑑と同一の押印による印影が必要といえます。

書式5　住宅、道路、学校等の見取図（149ページ）

申請する宿泊施設の周辺を示した図面です。自治体によって宿泊施設を中心に半径200m以内を見取れるものや、半径300m以内を見取れるものなど、求められる周辺見取図の内容が異なります。

いずれにしても、おおむね100m以内に学校等（幼稚園、小学校、児童が利用する図書館、公園など）の施設が存在するのであれば、それらの、周辺見取図では記載が省略されていることがないよう注意が必要です。

なお、誤解されることが多いのですが、旅館業は風俗営業のように申請施設の近くに学校等（風営法上は、保全対象施設）があれば、許可が取得できないということはありません。

旅館業の場合は、宿泊施設を設けることによって、学校等の環境が著しく害されるおそれがないかどうかについて、学校等などを所管・監督する関係機関に、意見の照会をすることになります。

この際の意見の照会は、保健所から施設の管理者などに申請予定の施設詳細を送るため、申請する宿泊施設周辺の図面に学校等の位置や距離を記載した上で照会に必要な書類を保健所に提出することになります。

一方で、これらの書類を確認した管理者等が申請予定の宿泊施設に許可を与えないように意見を述べることも、まず、ありません。

ただし、施設の管理者等から集団登校の時間には営業に気を配ってほしい、宿泊施設の内部が通学路から容易に見通せないような目隠し措置を施してほしい、などの要望が挙げられることは多々あります。

書式6　建物の配置図（150ページ）

建物の一部を宿泊施設とする場合は、建物全体と申請する部分に位置関係を明示した図面を作成します。

本事例のように戸建ての民泊で申請する場合は、敷地と建物の関係や、避難通路がどのようになっているか確認するために提出が求められています。自治体によっては、配置図に避難通路（玄関出口から道路までの通路）の幅を記載することも求められます。

特に配置図は、多くの自治体で隣地境界線や道路境界線の明示を重要視しますので、忘れずに記載しましょう。

書式7　建物の平面図（151ページ）

申請する施設の各階平面図を作成します。多くの自治体では、平面図「水栓、換気扇」など、必要設備の位置を示すことが求められます。

また、本記載例では、客室の概要（書式2）に記載する面積をどのように導いたか根拠を正確に示すための各部の長さや、計算根拠を記載しています。

通常、旅館業の許可では、面積の算定にあたり、一般的な壁芯を基準とするのではなく、内のりで算定しますが、新宿区では、客室面積について「壁芯」と「内法」の両方で記載することを求めています。

壁芯とは、壁の中心線により囲まれた部分の面積で、内法が内壁で囲まれた部分の面積となります。

なお、客室面積とは共用部分を除く浴室、便所、洗面所、寝室、その他の宿泊者が通常立ち入る部分の合計床面積のことです。

客室床面積の算定では、通常は立ち入らないクローゼット等の収納部分や床の間などを除外して算出します。

有効面積とは、客室面積のうち、宿泊者が睡眠、休憩等に利用する部分の合計床面積のことです。したがって、客室内にある場合（共用部でない個室の中にある場合）であっても、浴室や便所なども含みません。自治体によっては、記載例のように開き戸の扉が通過する床部分を寝室面積（有効面積）から除外しなければならない場合もあります。

書式8　建物正面図_側面図（152ページ）

宿泊施設を正面や側面から見た図面を作成します。立面図と呼ばれることもあります。建物の意匠や窓の位置、看板の位置などが特に重要です。

用途変更の場合（新築ではなく、既築物件を宿泊施設に変更する場合）、建築時の図面が残っていないこともあり、すでに隣接の建物があって正確な側面図が作成できない場合がありますが、意匠や窓の位置などが明示できればよいでしょう。

書式9　電気配線図（153ページ）

新宿区では、条例により「客室」「応接室」「廊下、階段」「浴室、洗面脱衣室」など、施設内の区分に応じた採光や照度を求めています。

したがって、添付書類には電気配線図を付ける必要があります。

記載例では、省略していますが、各区分ごとに適正な照度が保てるか否かを示す必要があります。

書式10　換気配置系統図（154ページ）

新宿区では施設内に機械換気設備による換気が適切になされているかについて、建物平面図（書式７）に記載する換気扇の位置だけでなく換気扇の配置や系統図（配線、配管などの接続状態や作動系統を明示する図）を添付する必要があります。

自治体ごとに求めるか否か、実際に記載すべき事項は何か等、施設の状況によって異なるため、管轄する窓口担当者にあらかじめ確認しておく必要があります。

書式11　給排水設備の配置及び系統を明らかにした図面（155ページ）

換気設備同様、新宿区では給水・排水設備の配置や系統図（配管などの接続状態や作動系統を明示する図）を添付する必要があります。

給排水設備についても、自治体ごとに求めるか否か、実際に記載すべき事項は何か等、施設の状況によって異なるため、管轄する窓口担当者にあらかじめ確認しておきましょう。

書式1　旅館業許可申請書

第1号様式（第4条関係）

〇〇 年　〇〇 月　〇〇 日

新宿区長　宛て

申請者住所　東京都 中央区 〇〇〇町

氏名　大木戸　智　㊞

1974 年　12 月　15 日生

電話　03（〇〇〇〇）××××

（法人にあっては、その名称、事務所所在地及び代表者の氏名）

旅館業営業許可申請書

下記のとおり旅館業営業の許可を受けたいので、旅館業法第3条第1項の規定により申請します。

記

1 施設の名称　ALOLA　HOUSE

2 施設の所在地　東京都 新宿区 〇〇〇町

3 営業の種別　旅館・ホテル営業、簡易宿泊営業、下宿営業

4 季節的営業等に該当することの有無　なし

5 施設の構造及び設備の概要　別紙のとおり

6 申請者が旅館業法第3条第2項第1号から第3号までに該当することの有無及び該当するときは、その内容　なし

7 管理者の氏名　柳佳澄

添付書類　裏面のとおり

保健所収受印	料金収納済印	業種別手数料
		□ 旅館・ホテル　30,600円 □ 簡易宿所・下宿　16,500円

書式2　構造設備の概要

旅館業構造設備の概要

幼稚園、学校、児童福祉施設、社会教育に関する施設、その他の施設からの距離

○○小学校　の敷地から営業施設の敷地まで　50　m

○○スクール　の敷地から営業施設の敷地まで　150　m

面積		敷地面積 80.85㎡	建築面積 58.82㎡	延建築面積 114.77㎡	専有面積 44.86㎡
建物の種類		(木造)・モルタル・鉄骨・鉄筋鉄骨コンクリート・その他（　　　）			
使用部分		地下・(地上)1 階～地上2 階、計 2 階			
出入口		帳場（フロント） 2.1　㎡	玄関広間（ロビー） 0　㎡	応接間（ロビー） 29.49　㎡	
客室 36.83 ㎡ 2 室 定員 4 名	階 寝台の有無	2　階	階	階	階
	有	室 36.83 ㎡ 4 名	室　㎡ 名	室　㎡ 名	室　㎡ 名
		室　㎡ 名	室　㎡ 名	室　㎡ 名	室　㎡ 名
		室　㎡ 名	室　㎡ 名	室　㎡ 名	室　㎡ 名
		室　㎡ 名	室　㎡ 名	室　㎡ 名	室　㎡ 名
		室　㎡ 名	室　㎡ 名	室　㎡ 名	室　㎡ 名
		室　㎡ 名	室　㎡ 名	室　㎡ 名	室　㎡ 名
		室　㎡ 名	室　㎡ 名	室　㎡ 名	室　㎡ 名
便所	種類	(水洗)浄化槽・改良便槽・くみ取り			
		1　階	2　階	階	階
		1　か所	1　か所	か所	か所
	大	1　個	個	個	個
	小	個	個	個	個
	手洗設備	1　個	1　個	個	個
	個室専用	個	1　個	個	個

洗面所		1 階	2 階	階	階
		1 か所	1 か所	か所	か所
	湯せん	1 個	1 個	個	個
	水せん	個	個	個	個

浴室 2 か所		共同			個室専用		
		3.20 ㎡ ㎡	1 か所 か所	計3.20 ㎡	0.96 ㎡ ㎡	1 か所 か所	計0.96 ㎡
	脱衣室	1.99 ㎡ ㎡	1 か所 か所	計1.99 ㎡	2.47 ㎡ ㎡	1 か所 か所	計2.47 ㎡
	湯せん	1 個			1 個		
	水せん	個			個		
	循環浴槽	か所					

調理場	配膳室	従業員室	自室	食堂
0 ㎡	0 ㎡	0 ㎡	0 ㎡	0 ㎡

暖房の種類	個別暖房方式・集中暖房方式・ストーブ（石油・ガス・温熱）・なし	
	ガス設備のある客室数	0 室
	客室専用の元せん数	0 個

寝具	寝具等格納場所	布団	枕	
	1 か所	4 組	4 個	

照明設備系統			（別紙図面のとおり。）
給排水設備系統			（別紙図面のとおり。）
機械換気設備系統			（別紙図面のとおり。）
調理及び飲料水の使用水			井戸水・天水・湧水の使用　有・無
玄関帳場その他設備	旅館業法施行規則第４条の３の設備設置の有無		有・無
	有の場合	設備の所在地	
		設備の機能及び性能	（別紙図面のとおり。）

＊建築物の規模により記入できない場合は、別添とする。

書式3　客室の概要

No(　　　　)

合計	① 部屋番号	② 客室面積 (壁芯)	③ 客室面積 (内法)	④ 有効面積 (内法)	⑤定員	⑥ 必要採光面積 (④の 1/10)	⑦ 採光面積 (有効)	⑧判定
		44.86 ㎡	36.83 ㎡	30.43 ㎡	4 名	3.04 ㎡	5.12 ㎡	
客　室 (36.83)		㎡	㎡	㎡	名	㎡	㎡	
㎡		㎡	㎡	㎡	名	㎡	㎡	
		㎡	㎡	㎡	名	㎡	㎡	
(　1　) 室		㎡	㎡	㎡	名	㎡	㎡	
		㎡	㎡	㎡	名	㎡	㎡	
定　員		㎡	㎡	㎡	名	㎡	㎡	
(　4　) 名		㎡	㎡	㎡	名	㎡	㎡	
		㎡	㎡	㎡	名	㎡	㎡	
		㎡	㎡	㎡	名	㎡	㎡	
		㎡	㎡	㎡	名	㎡	㎡	
		㎡	㎡	㎡	名	㎡	㎡	
		㎡	㎡	㎡	名	㎡	㎡	
		㎡	㎡	㎡	名	㎡	㎡	
		㎡	㎡	㎡	名	㎡	㎡	
		㎡	㎡	㎡	名	㎡	㎡	
		㎡	㎡	㎡	名	㎡	㎡	
		㎡	㎡	㎡	名	㎡	㎡	
		㎡	㎡	㎡	名	㎡	㎡	
		㎡	㎡	㎡	名	㎡	㎡	
		㎡	㎡	㎡	名	㎡	㎡	
		㎡	㎡	㎡	名	㎡	㎡	
		㎡	㎡	㎡	名	㎡	㎡	
		㎡	㎡	㎡	名	㎡	㎡	
		㎡	㎡	㎡	名	㎡	㎡	
		㎡	㎡	㎡	名	㎡	㎡	
小計		44.86 ㎡	36.83 ㎡	30.43 ㎡	4 名	3.04 ㎡	5.12 ㎡	

書式4　申告書

第2号様式(第4条関係)

申　告　書

施設の所在地　東京都　新宿区　○○○町
施設の名称　ALOLA　HOUSE
申請者住所　東京都　中央区　○○○町
申請者氏名　大木戸　智

私は、旅館業法第3条第2項各号のいずれにも該当していません。

○○年○○月○○日

氏　名　　大木戸　智　㊞

新宿区長　宛て

（注意）申請者が法人の場合は、代表者、常務、専務及びその業務を行う役員等について必要とする。

書式5　住宅、道路、学校等の見取図

書式6　建物の配置図

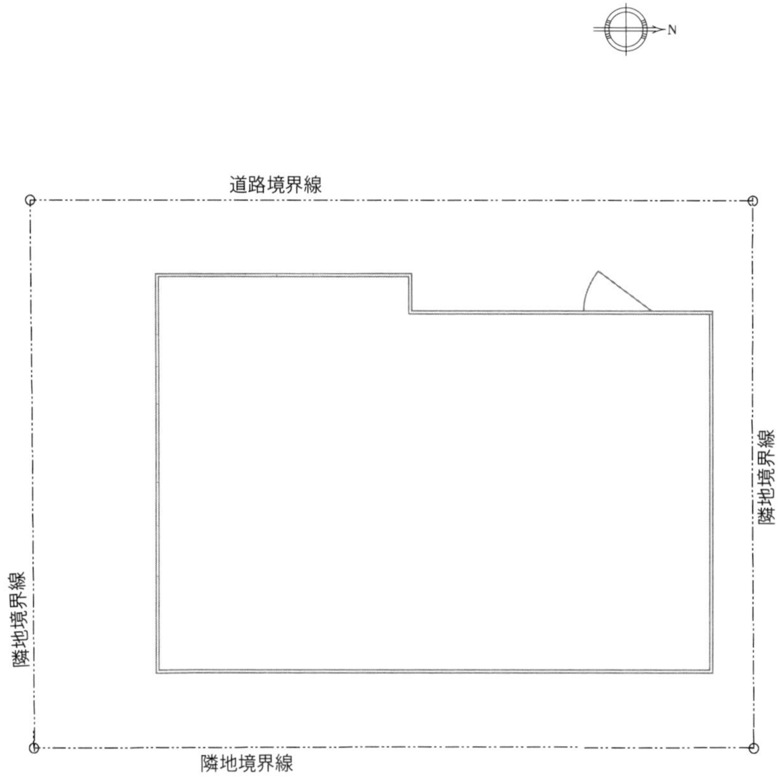

書式7　建物の平面図

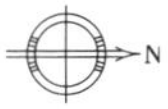

1 階 平 面 図

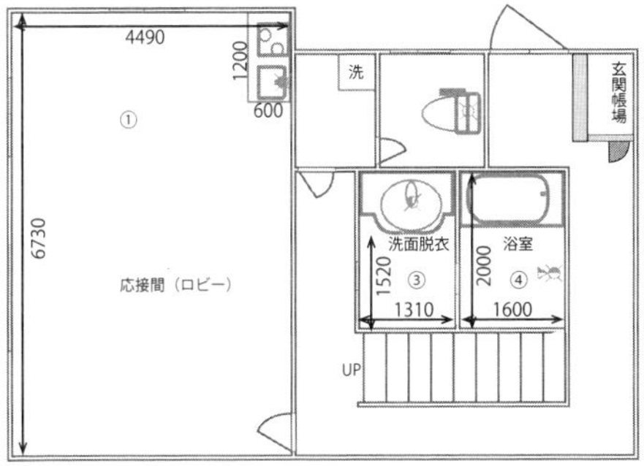

応接間（ロビー）

① 4.49×6.73 ＝ 30.21 ㎡
0.60×1.20 ＝ 0.720 ㎡
15.221−0.720＝ 29.49 ㎡

応接間（ロビー）面積合計 29.49 ㎡

脱衣室

③ 1.31×1.52 ＝ 1.99 ㎡

脱衣室面積合計 1.99 ㎡

浴室

④ 1.60×2.00 ＝ 3.20 ㎡

浴室面積合計 3.20 ㎡

2 階 平 面 図

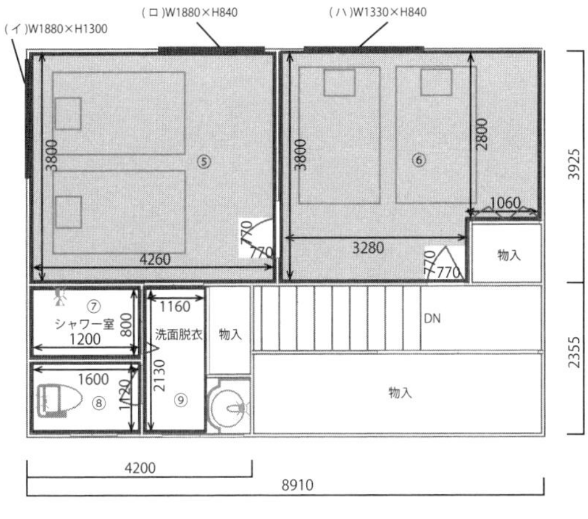

壁芯面積

8.91×3.925 ＝ 34.97 ㎡
4.20×2.355 ＝ 9.89 ㎡

壁芯面積合計 44.86 ㎡

客室面積

⑤ 4.26×3.80 ＝ 16.18 ㎡
⑥ 3.28×3.80 ＝ 12.464 ㎡
1.06×2.80 ＝ 2.968 ㎡
12.464＋2.968 ＝ 15.43 ㎡
⑦ 1.20×0.80 ＝ 0.96 ㎡
⑧ 1.60×1.12 ＝ 1.79 ㎡
⑧ 1.16×2.13 ＝ 2.47 ㎡

客室面積合計 36.83 ㎡

有効面積

⑤ 4.26×3.80 ＝ 16.188 ㎡
0.77×0.77 ＝ 0.592 ㎡
16.188−0.592 ＝ 15.59 ㎡

⑥ 3.28×3.80 ＝ 12.464 ㎡
0.77×0.77 ＝ 0.592 ㎡
1.06×2.80 ＝ 2.968 ㎡
12.464−0.592+2.968 ＝ 14.84 ㎡

有効面積合計 30.43 ㎡

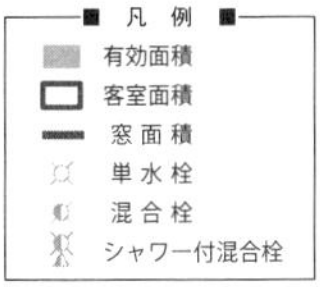

採光面積

（イ） 1.88×1.30 ＝ 2.44 ㎡
（ロ） 1.88×0.84 ＝ 1.57 ㎡
（ハ） 1.33×0.84 ＝ 1.11 ㎡

採光面積合計 5.12 ㎡

5.12 ㎡ ＞ 3.043 ㎡

必要採光面積

$30.43 \times \frac{1}{10} = 3.043$ ㎡

必要採光面積 3.043 ㎡

書式８　建物正面図・側面図

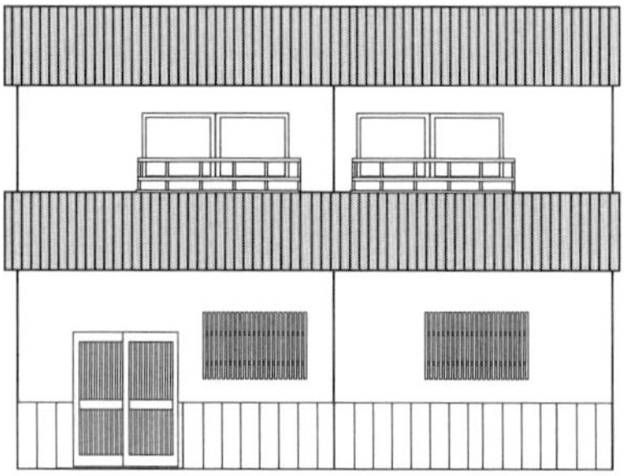

西立面図

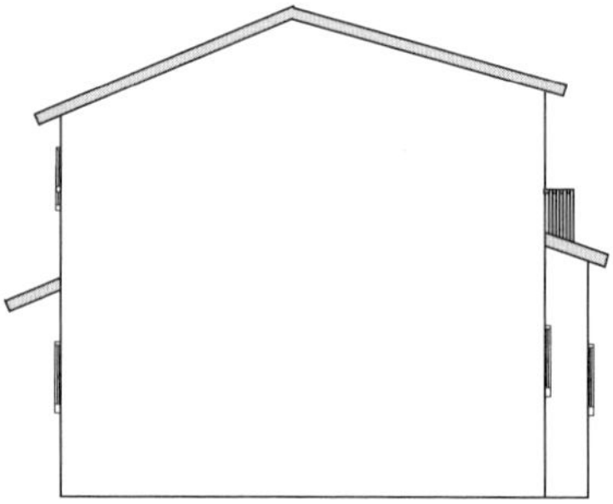

北立面図

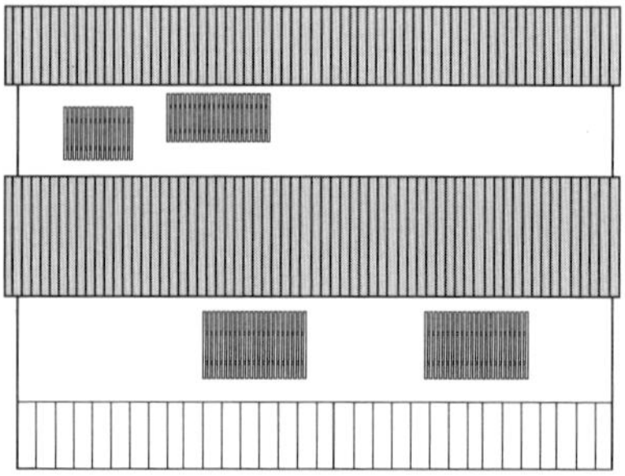

東立面図

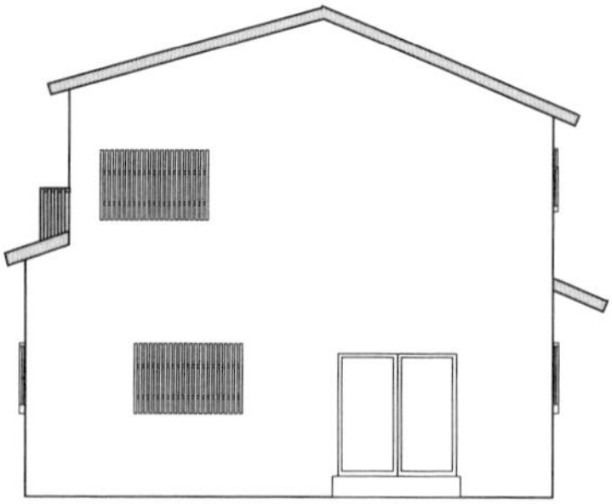

南立面図

書式９　電気設備の配置及び配線を明らかにした図面

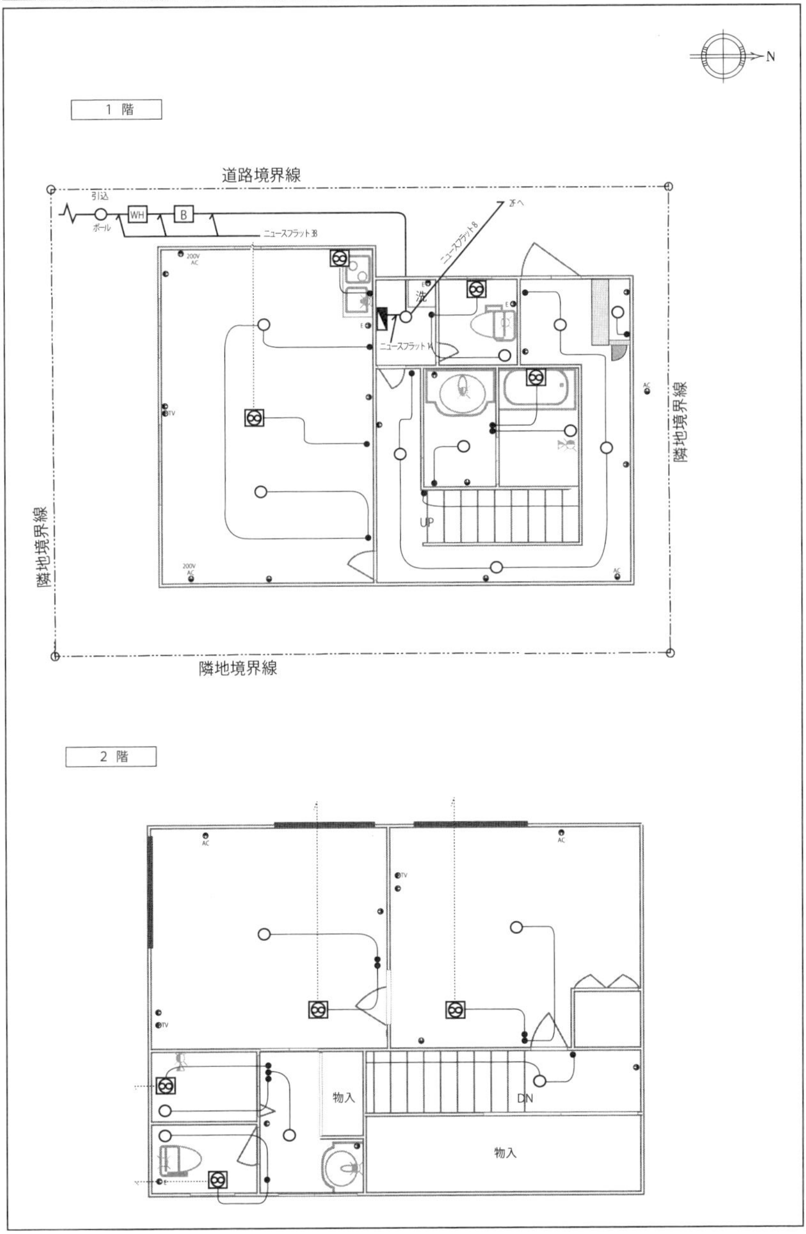

書式10　換気設備の配置及び系統を明らかにした図面

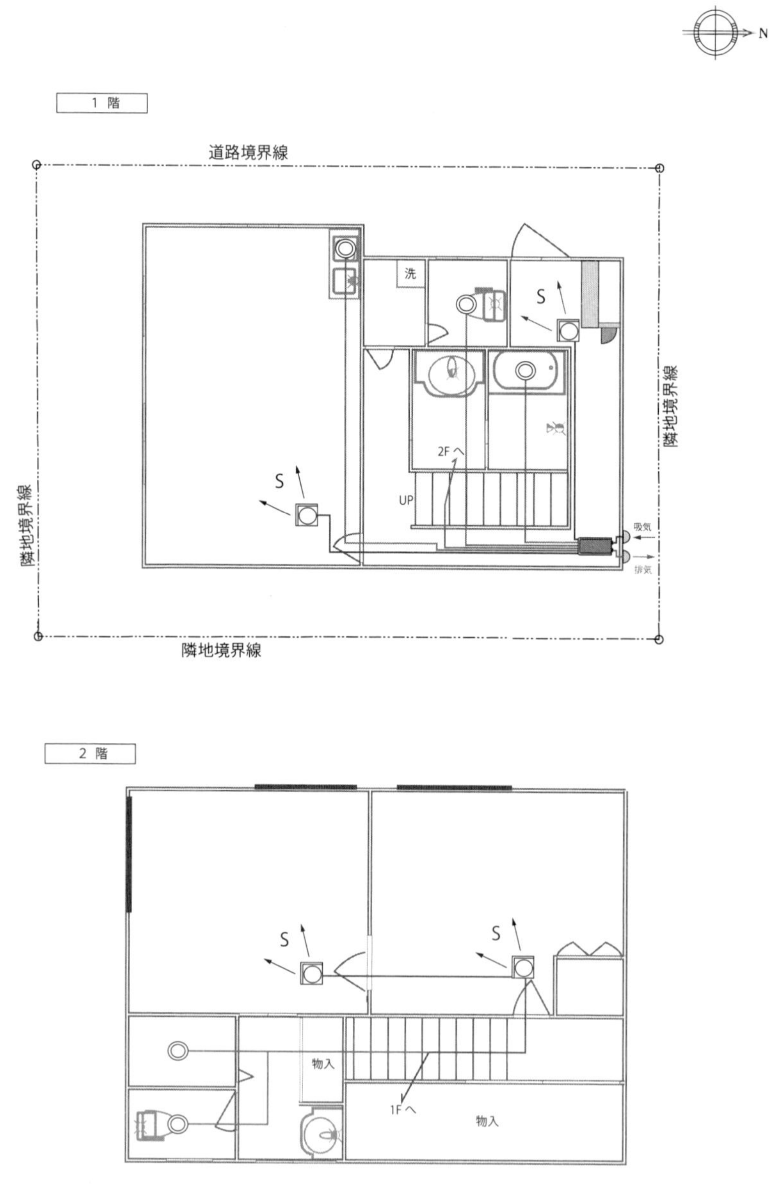

書式11　給排水設備の配置及び系統を明らかにした図面

1 階

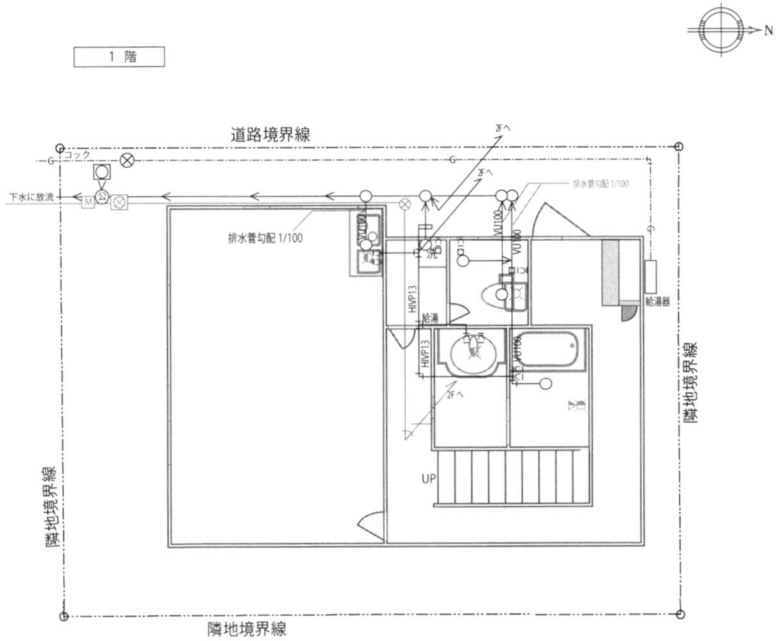

2 階

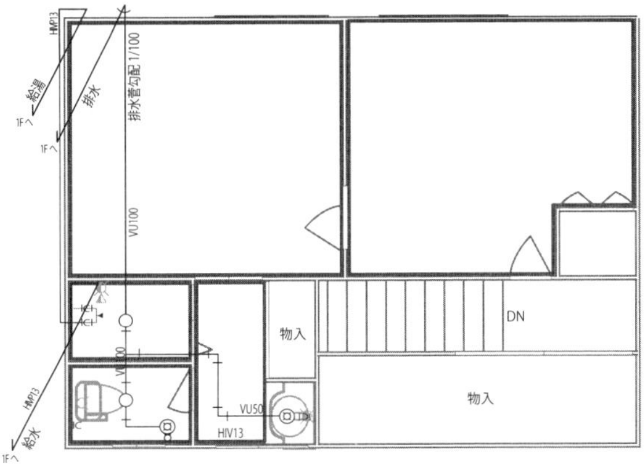

5 必要な書類と書き方（大阪のケース）

大阪市で許可申請する場面を想定したケース

どんな書類を作成するのか

先に東京都の新宿区において旅館業法上の簡易宿所の許可申請の例を挙げましたが、ここでは大阪市において旅館業法上の旅館・ホテル営業の許可を取得して適法に民泊を行う場合を想定し、実際の許可申請手続きに必要となる主な書式の書き方を説明します。

昨年、旅館業法が改正され、旅館・ホテル営業の最低客室数（ホテル営業：10室、旅館営業：５室）の基準が廃止されたため、民泊においても、旅館・ホテル営業の許可を取得するケースが増えています。

特に、規模の大きい戸建てや、６～８室程度の小規模な共同住宅（建物全体を用途変更するケース）においては、旅館・ホテル営業の許可で営業している例は多くあります。今回の事例では、８室あった共同住宅の１階部分を改装し、玄関帳場と従業員控え室にすることで全７室の旅館・ホテル営業を行う場合を想定しています。

先に取り上げた簡易宿所同様に、各自治体によって様式や添付書類は異なります。ここでは大阪市における書類の内容や作成方法を解説しますが、構造基準や添付書類等はあくまでさまざまな自治体での申請でも参考にできるよう標準的な内容としています。

また、実際の申請の際は必ず事前に事業を行おうとする所在地を管轄する保健所などに事前相談に行き、必要書類の確認や様式、申請書の作り方などを聞き取るようにしましょう。

書式12　旅館業許可申請書（163ページ）

旅館業許可申請書は、主に許可申請者の概要などを記載する様式です。自治体によっては、敷地面積や建物の建築面積、使用する面積など登記事項に記載されている情報を記載する場合もあります。

また、本事例で取り上げた大阪市のように申請書の中に申請に必要な添付書類が列挙されていることもあります。

①　申請者欄

申請者の詳細を記載します。個人の場合は住所地と生年月日を記載します。添付書類にも住民票が必要になりますので、住民票に記載されている通りに住所を記載します（「１－２－３」と普段記載している住所は、登記事項では、「１丁目２番地３号」や「１丁目２番３号」などと記載されていることが多いようです）。法人の場合は、名称（商号）だけではなく、代表者名も併記します。この際、定款や登記事項証明書をあわせて提出する必要がありますので、同様にこれらの証書に記されている通りに記載します。

②　「施設の名称・所在地」

施設の名称に決まりはありません。実際に看板等に表示する名称を記載します。施設の所在地も必ず登記事項に記載されているとおりに記載します。

③　「申請の区分」

新規の許可申請の場合は「新設」に○をつけます。すでに他の個人または法人が営業しており、申請者があらたに許可申請を行う場合（この場合、前営業者は廃業する必要が生じますので、自治体によっては「廃業・新規」と呼ぶ場合もあります）には、引き継ぎに○をつけます。すでに同一人物が営業しており、あらたに増築・改築するなど構造変更に該当するようなケースでは「増改築」に○をつけます。

④ **「営業の種別」**

「ホテル・旅館営業」か「簡易宿所営業」かを選択します。民泊で「下宿営業」となることは、まずないと考えられます。

⑤ **「管理責任者」**

管理責任者の名称や所在地、電話番号などを記載します。管理責任者は申請者と同一の場合もあれば、別途、専門の業者に外部委託する場合もあります。

⑥ **「旅館業法施行規則第５条第１項の該当事項」**

簡易宿所営業を行う場合でも、季節的に一時営業するものや、交通が著しく不便な地域にある場合などは「あり」となりますが、通常の場合は「なし」で申請します。

なお、自治体によっては「季節的営業等に該当することの有無」や「特例の適用の有無」などの表現がなされていることがあります。

⑦ **「旅館業法第３条第２項各号の該当事項」**

「欠格事由」（法律によって定められている欠格事由）に該当しているか否かに○をつけます。ただし、欠格事由に該当する場合、原則は許可を取得することができません（旅館業法３条２項各号の詳細は137ページを参照）。

書式13　構造設備の概要（164ページ）

構造設備の概要は、実際の宿泊施設の詳細について、旅館業法などの構造設備基準をクリアしていることを示す書類です。大阪市では簡易宿所営業用と旅館・ホテル営業用の様式が別に用意してあります。

① **「建物の構造」「営業使用部分」**

建物の登記簿謄本や、用途変更の確認済証などに合わせて記載します。玄関帳場が「有」の場合は、添付書類として玄関帳場展開図等が必要になりますが、「無」の場合は、管理事務室の場所

（宿泊施設より1000m以内）を明らかにした付近見取図や宿泊施設出入口に設置するビデオカメラや宿泊施設内に設置する電話機等の詳細がわかる資料の添付が必要となります。

② 「面積」

「敷地面積」「建築面積」「建築延床面積」「施設延床面積」などを記載します。

「施設延床面積」は実際に旅館業に供する面積ですが、この面積には、管理者の控え室や、寝具、消耗品置きなどの面積も含まれます。

④ 「共同浴場」「共同シャワー」「共同便所」「使用水」

共同の浴場やシャワー、便所の有無を記載します。また使用水の種類を選択します。

⑤ 「客室の種別」

平面図（書式17）などから導いた客室数や面積の詳細を記載します。

客室面積の算出方法について、それぞれの解釈は自治体ごとに差異がありますので、あらかじめ管轄の窓口に相談する必要があります。また、自治体によっては有効面積（寝室面積）という面積を独自に説明させる場合があります（詳細は151ページの新宿区の事例を参照）。

定員の計算方法は、客室面積、寝室面積を自治体ごとの条例で決められた㎡数で除算することで導きます。この際、定員ごとに浴室、便所、洗面などの数が定められているケースも多く、便所や洗面の基準（たとえば、５名につき１個）によって客室面積や有効面積では上限10名が可能な場合でも、最終的に定員５名が上限となる等の例が多くあるため注意が必要です。すべて記載した後、最下部に合計を記載します。

⑥ 「建築基準法関係」「消防法関係」

建物の検査済証や、消防法令適合通知書の発行番号を記載します。

書式14　構造設備確認票（165～166ページ）

大阪市では、独自に条例や規則、指導要綱などで詳細な旅館業に対する規制や要件の設定を行っています。構造設備確認票は、それらの規制や要件のほとんどの適合性を確認する様式です。

「採光上有効な窓」の考え方として、多くの自治体では、有効面積の10分の１の窓面積を求めることが多いのですが、大阪市では「簡易宿所の場合８分の１」「旅館・ホテル営業の場合10分の１」と営業種別ごとに異なります。

「営業者が講ずべき措置」について、大阪市では総客室の延べ面積が33㎡未満の施設のみ、近隣住民への説明義務が課されていますが、営業開始後のトラブルを踏まえると総客室の延べ面積が33㎡未満でない場合でも、近隣住民への説明を行うことが望ましいといえます。

書式15　営業施設の付近見取図（173ページ）

申請する宿泊施設の周辺を示した図面です。自治体によって宿泊施設を中心に半径200m以内を見取れるものや、半径300m以内を見取れるものなど、求められる周辺見取図の内容が異なります。

いずれにしても、おおむね100m以内に学校等（幼稚園、小学校、児童が利用する図書館、公園など）の施設が存在するのであれば、それらの、周辺見取図では記載が省略されていることがないよう注意が必要です。

書式16　配置図（174ページ）

建物の一部を宿泊施設とする場合は、建物全体と申請する部分に位置関係を明示した図面を作成します。

本事例のように戸建ての民泊で申請する場合は、敷地と建物の関係や、避難通路がどのようになっているか確認するために提出が求められています。自治体によっては、配置図に避難通路（玄関出口から道路までの通路）の幅を記載することも求められます。

書式17　平面図（175～176ページ）

申請する施設の各階平面図を作成します。多くの自治体では、「水栓、換気扇」など、必要設備の位置を示すことが求められます。

また、本記載例では、客室の概要（書式２）に記載する面積をどのように導いたか根拠を正確に示すための各部の長さや、計算根拠を記載しています。

なお、客室面積とは共用部分を除く浴室、便所、洗面所、寝室、その他の宿泊者が通常立ち入る部分の合計床面積をいいます。

客室床面積の算定では、通常は立ち入らないクローゼット等の収納部分や床の間などを除外して算出します。

多くの自治体では有効面積（客室面積のうち、宿泊者が睡眠、休憩等に利用する部分の合計床面積）の記載が求められますが、大阪市の場合は、客室面積のみ記載していれば、よいとされています。

書式18　立面図（177～178ページ）

宿泊施設を正面や側面から見た図面を作成します。建物正面図や、側面図と呼ばれることもあります。建物の意匠や窓の位置、看板の位置などが特に重要です。

用途変更の場合（新築ではなく、既築物件を宿泊施設に変更する場合）、建築時の図面が残っていないこともあり、すでに隣接の建物があって正確な側面図が作成できない場合がありますが、意匠や窓の位置などが明示できればよいでしょう。

書式19　屋外広告物図面（179ページ）

屋外広告物（看板）のデザイン、設置場所、大きさ、材質、色などを示すための書類です。

書式20　帳場展開図（180ページ）

玄関帳場の要件は各自治体の条例に定められていますが、概ね

「玄関から容易に見えること」や「宿泊者等のすべてが必ず通過する場所に設けられていること」という２つの要件を充たす必要があります。

本事例の大阪市では「受付台の床面の高さ0.7 ～ 1.2m」「受付台の奥行0.3m以上」「開口部の高さ１m」などのように定められています。

なお、改正旅館業法に合わせて、多くの自治体では玄関帳場に関する設置義務を免除する動きがありますので、その場合は、玄関帳場の設置を免れるために「セキュリティ面や本人確認の機能をICTの活用により代替えすることができることを証する資料」を添付する必要が生じます。

書式21　給排水系統図（181ページ）

大阪市では、給水・排水設備の配置や系統図（配管などの接続状態や作動系統を明示する図）を添付する必要があります。

給排水設備についても、自治体ごとに求めるか否か、実際に記載すべき事項は何かなど、施設の状況によって異なるため、管轄する窓口担当者にあらかじめ確認しておきましょう。

書式12　旅館業許可申請書

様式　１３

施設番号		交付予定月日	／	許可入力月日	／

旅館業許可申請書

○○ 年　○○ 月　○○ 日

大　阪　市　長

申請者住所（法人の場合は事務所の所在地）
〒 000 － 0000
大阪府大阪市阿倍野区○○○町○丁目○番○号

フリガナ
申請者氏名（法人の場合は名称、代表者氏名）
株式会社Build 代表取締役　桂木拓海

年　　月　　日生　男性・女性　　TEL 06-0000-0000
（個人による申請の場合のみ記入）

旅館業法第３条第１項の規定により次のとおり申請します。

施設名称	HOTEL　BEST MATCH　　※（公開している又は公開する予定の電話番号）TEL 06-0000-0000
施設所在地	〒000－0000　　ビル名　　階 大阪府大阪市天王寺区○○○町○番○号
申請の区分	(新設)・　引継ぎ　・　増改築
営業の種別	☑ 旅館・ホテル営業　□ 簡易宿所営業　□ 下宿営業
管理責任者	氏　名 株式会社Build　代表取締役　桂木拓海 住　所 大阪府大阪市阿倍野区○○○町○丁目○番○号　TEL 090-0000-0000
営業開始予定年月日	○○　年　○○月　○○日
旅館業法施行規則第５条第１項の該当事項	(無)・　有 有の場合別紙のとおり
申請者の旅館業法第３条第２項各号の該当事項	(無)・　有 有の場合別紙のとおり

◎届出部数　　２部（正・写）
◎添付書類　　２部（正・写）
1　構造設備の概要(様式２-１又は様式２-２又は様式２-３)
2　構造設備確認票(様式３)
3　建築基準法に基づく検査済証(仮使用認定通知書)の写し
4　消防法令適合通知書
5　法人の場合は登記事項証明書
(役員等の名簿も添付すること)
6　周囲300メートル以内の見取図
7　配置図
8　各階の平面図
9　立面図

条件に該当する場合のみ必要
14　管理事務室の場所を明らかにした付近見取図
15　周知実施報告書等
16　客室内設置の注意事項
17　手引書

10　使用水が水道水以外のときは水質検査成績書
11　広告塔、広告板、その他の屋外広告物及び屋外照明設備等の図面
12　玄関帳場展開図又は投影図
13　給水・給湯・排水系統図
18　その他保健所長が必要とする書類
◎持参書類
建築計画(変更)届出書の写し(引継ぎの場合除く)

収　納
円　印

保健所受付印

連絡先電話番号：

※　公開している又は公開する予定の電話番号：インターネット、電話帳、看板等により広く知らせている電話番号　　□告知書交付
行政書士法等行政手続きに関する法令等を遵守すること。

書式13　構造設備の概要

様式　２－１（旅館・ホテル営業）

構造設備の概要（旅館業）			
建物の構造	4　階建　鉄骨・鉄筋コンクリート・木造・その他（　　　）		
営業使用部分	1　階　～　4　階	玄関帳場	有・無
面　積	敷地面積　60.27　㎡	建物延床面積	143.90　㎡
	建築面積　36.17　㎡	施設延床面積	143.90　㎡
共同浴場	有・無（循環ろ過　有・無）	共同シャワー	有・無（　　個）
共同洗面所	有・無（洗面台　　個）		
共同便所	有・無（洋式又は大便器　　個、小便器　　個）		
使用水	水道水　井戸水　温泉水　その他（　　　）		

	客室の種別										
	寝台を有する客室								寝台を有しない客室		
	一人用客室		二人用寝台を有する客室			その他客室					
	面積	室数	定員	面積	室数	定員	面積	室数	定員	面積	室数
1階	㎡	室	人	㎡	室	2人	9.29㎡	1室	人	㎡	室
2階	㎡	室	人	㎡	室	2人	9.03㎡	1室	人	㎡	室
2階	㎡	室	人	㎡	室	2人	9.29㎡	1室	人	㎡	室
3階	㎡	室	人	㎡	室	2人	9.03㎡	1室	人	㎡	室
3階	㎡	室	人	㎡	室	2人	9.29㎡	1室	人	㎡	室
4階	㎡	室	人	㎡	室	2人	9.03㎡	1室	人	㎡	室
4階	㎡	室	人	㎡	室	2人	9.29㎡	1室	人	㎡	室
階	㎡	室	人	㎡	室	人	㎡	室	人	㎡	室
計	室		人		室	14人	7室		人		室
	総客室数　7　室			総定員数　14　人				総客室の延べ面積　64.25㎡			

建築基準法関係	○○年○○月○○日　検査済・仮使用　第R000-00 0000000号
消防法関係	○○年○○月○○日　適合通知　第○○○号

書式14　構造設備確認票

様式3

構　造　設　備　確　認　票　（旅館業）			
採光上有効な窓の有無	(有)・無	客室における宿泊者が自由に開閉できる出入口	(有)・無
寝台の幅×長さ（有する場合のみ）	一人用寝台 1000mm×1950mm 二人用寝台 1400mm×1950mm		
浴室等の床面の材料の種類	FRP	浴室等の腰張りの材料の種類	FRP
浴室等における機械換気設備又は換気上有効な窓			(有)・無
共同浴場で水道水以外の水を使用する場合のろ過器、消毒設備			有・(無)
共同浴場における貯湯槽内の湯の温度を60度以上に保つ加温装置			有・(無)
共同浴場の浴槽の容量	㎥	共同浴場のろ過器処理能力	㎥/時
寝具、寝衣等を衛生的に保管することができる設備			(有)・無
施設の周囲は、清掃及び排水が容易にできる構造			(有)・無
客室内における浴室等及び脱衣室の内部を外部から容易に見通すことができる構造設備			有・(無)
客室内における料金の支払等ができる自動精算機、小窓その他の構造設備			有・(無)
玄関及び駐車場の出入口における外部からの見通しを遮るものの設置			有・(無)
駐車場から玄関帳場を経由せず、直接個々の客室へ出入りできる構造（玄関帳場を有する場合）			有・(無)
自動的施錠装置と連動した客室案内板等			有・(無)
性的好奇心をそそる物品			有・(無)
性的好奇心をそそる広告物（もっぱら異性と同伴を連想させる表示等）			有・(無)
各立面積の大阪市旅館業法の施行等に関する規則に定める色を使用する部分の割合			
北側 0 %	**西側** 0 %	**南側** 0 %	**東側** 0 %
サーチライト及び建物全体を照らす照明設備			有・(無)
光源が点滅する照明設備			有・(無)
（備考）			

様式3（裏面）

<table>
<tr><td colspan="3">構　造　設　備　確　認　票　（旅館業）</td></tr>
<tr><td colspan="2">玄関帳場の有無</td><td>有（1を記入）・ 無（2を記入）</td></tr>
<tr><td rowspan="7">1
玄関帳場を有する場合</td><td colspan="2">玄関帳場等の構造設備（下宿営業除く）</td></tr>
<tr><td>玄関帳場の受付台は宿泊者等と施設の従業員が直接面談できる構造</td><td>有・無</td></tr>
<tr><td>玄関帳場及びその周囲に宿泊者等の往来を容易に見通すことができなくなる構造</td><td>有・無</td></tr>
<tr><td>旅館業の施設の出入口付近への表示（事故等対応者の氏名、電話番号、旅館業の施設である旨）</td><td>有・無</td></tr>
<tr><td colspan="2">【無の場合】ア及びイの要件に（ 適合している ・ 適合していない ）
ア 旅館業の施設の出入口が施錠されておらず、宿泊者等が自由に出入りできること
イ 現に施設において従事する者が、事故が発生したときその他の緊急時に対応できること</td></tr>
<tr><td colspan="2">営業者が講ずべき措置</td></tr>
<tr><td>手引書の作成</td><td>有・無</td></tr>
<tr><td rowspan="11">2
玄関帳場を有しない場合</td><td colspan="2">宿泊者の確認を適切に行うための構造設備（下宿営業除く）</td></tr>
<tr><td>管理事務室の設置場所及び
管理事務室と宿泊施設との距離</td><td>区　　（距離：　　m）</td></tr>
<tr><td>宿泊者の出入を確認するためのビデオカメラその他の機器</td><td>有・無</td></tr>
<tr><td>宿泊施設及び客室の出入口及び窓の施錠</td><td>有・無</td></tr>
<tr><td>客室及び管理事務室に宿泊者と連絡をとることができる電話機その他の機器</td><td>有・無</td></tr>
<tr><td>宿泊施設及び管理事務室の出入口への表示（事故等対応者の氏名、電話番号、旅館業の施設である旨）</td><td>有・無</td></tr>
<tr><td>宿泊施設の出入口に管理事務室の所在地の表示及び管理事務室の出入口に宿泊施設の所在地の表示</td><td>有・無</td></tr>
<tr><td colspan="2">営業者が講ずべき措置</td></tr>
<tr><td>注意事項を記載した書類の備え付け</td><td>有・無</td></tr>
<tr><td>手引書の作成</td><td>有・無</td></tr>
<tr><td>宿泊施設が存する建物の出入口の付近への表示</td><td>有・無</td></tr>
<tr><td colspan="3">営業者等が講ずべき措置（下宿営業除く）</td></tr>
<tr><td colspan="2">旅館業の施設の出入口付近への表示（苦情対応者の氏名、電話番号）</td><td>有・無</td></tr>
<tr><td colspan="3">【無の場合】1及び2の要件に（ 適合している ・ 適合していない ）
1 旅館業の施設の出入口が施錠されておらず、宿泊者等が自由に出入りできること
2 現に施設において従事する者が、近隣住民からの苦情に迅速に対応できること</td></tr>
<tr><td colspan="3">総客室の延べ面積が33平方メートル未満の施設において営業者等が講ずべき措置</td></tr>
<tr><td colspan="2">施設の近隣住民全ての対象者への周知の実施</td><td>済・未</td></tr>
<tr><td colspan="3">（備考）</td></tr>
</table>

参考　近隣住民への説明報告書サンプル

文例 1

周知を行った者の住所：大阪市阿倍野区○○○町○丁目○番○号

近隣住民に対する周知方法及び実施日時等

<table>
<tr><th></th><th>No.</th><th>実施日時</th><th>参加者住所</th><th>実施場所</th><th>対象人数</th><th>周知及び経過等</th></tr>
<tr><td rowspan="5">説明会</td><td>1</td><td>○○年
○月○日
○時～○時</td><td>○○○町○番１号
○○○町○番２号
○○○町○番６号
○○○町△番５号
○○○町△番６号
○○○町□番１号
○○○町□番３号
○○○町□番４号</td><td>施設所在地</td><td>８人</td><td>説明会にて「営業者名」「住所」「営業種別」「苦情対応者」「緊急連絡先」「宿泊者への説明事項」「廃棄物の処理方法」「近隣住民迷惑行為の防止策」を説明し、その他質疑応答を実施（詳細は別添議事録）。
説明会時に即答ができなかった事項を、○日後に議事録とともに、町内会長より回覧頂き、○○日間経過したが、追加の問い合わせ等はなく、○月○日に町内会長に確認したところ、町内会及び隣接住民より追加の意見はもう無いとの事でした。</td></tr>
<tr><td></td><td></td><td></td><td></td><td></td><td></td></tr>
<tr><td colspan="6">出席しなかった住民への対応</td></tr>
<tr><td colspan="4">対象者住所</td><td colspan="2">対応及び経過等</td></tr>
<tr><td colspan="4">○○○町○番２号
○○○町○番５号
○○○町△番４号
○○○町□番２号
○○○町□番５号
○○○町□番６号</td><td colspan="2">後日、個別訪問を実施（次頁参照）</td></tr>
</table>

周知を行った者の住所：大阪市阿倍野区○○○町○丁目○番○号

近隣住民に対する周知方法及び実施日時等

	No.	実施日時	訪問先	周知及び経過等
戸別訪問	2	○○年 ○月○日 ○時○分	○○○町○番５号	説明会議事録及び「営業者名」「住所」「営業種別」「苦情対応者」「緊急連絡先」、「宿泊者への説明事項」「廃棄物の処理方法」「近隣住民迷惑行為の防止策」を記載した説明資料を手渡し、口頭説明。 ○○日間経過したが、追加の問い合わせ等はなし。
	3	○○年 ○月○日 ○時○分	○○○町△番４号	説明会議事録及び「営業者名」「住所」「営業種別」「苦情対応者」「緊急連絡先」、「宿泊者への説明事項」「廃棄物の処理方法」「近隣住民迷惑行為の防止策」を記載した説明資料を手渡し、口頭説明。 ○○日間経過したが、追加の問い合わせ等はなし。
	4	○○年 ○月○日 ○時○分	○○○町□番２号	説明会議事録及び「営業者名」「住所」「営業種別」「苦情対応者」「緊急連絡先」、「宿泊者への説明事項」「廃棄物の処理方法」「近隣住民迷惑行為の防止策」を記載した説明資料を手渡し、口頭説明。 ○○日間経過したが、追加の問い合わせ等はなし。
	5	○○年 ○月○日 ○時○分	○○○町□番６号	説明会議事録及び「営業者名」「住所」「営業種別」「苦情対応者」「緊急連絡先」、「宿泊者への説明事項」「廃棄物の処理方法」「近隣住民迷惑行為の防止策」を記載した説明資料を手渡し、口頭説明。 ○○日間経過したが、追加の問い合わせ等はなし。

周知を行った者の住所：大阪市阿倍野区○○○町○丁目○番○号

近隣住民に対する周知方法及び実施日時等

	No.	訪問先	対応及び経過等
戸別訪問（不在であった住民への対応）	6	○○○町□番５号	説明会議事録及び「営業者名」「住所」「営業種別」「苦情対応者」「緊急連絡先」、「宿泊者への説明事項」「廃棄物の処理方法」「近隣住民迷惑行為の防止策」を記載した説明資料を投函。 ○○日間経過したが、問い合わせ等はなし。

参考　近隣住民への説明用資料サンプル

1、ご近隣の皆様へ

拝啓、皆様におかれましては、ご清栄のことと存じます。

この度、大阪市天王寺区○○○町○番○号におきまして旅館・ホテル営業（鉄骨４階建て）を開始する運びとなりました。

ご近隣の皆様には、何かとご心配・ご不安をおかけすることと存じますが、予めご近隣の皆さまの疑問や不安を解消し、かつお考えにできる限り沿いたいという考えから、ご意見・ご質問等を頂戴できましたらと思います。

当社は他府県においても長らくホテルを営んでおり、皆様の懸念事項や解消する術なども、よく理解しております。どんなことでも、ご遠慮なさらず、お意見頂ければ幸いです。何卒よろしくお願い申し上げます。

2、計画の概要

施設名：ＨＯＴＥＬ　ＢＥＳＴ　ＭＡＴＣＨ
営業の種別：旅館・ホテル営業
所在地：大阪市天王寺区○○○町○番○号
敷地面積：　60.27㎡
のべ床面積：143.90㎡
構造：鉄骨４階建て
客室数：７室（各室２人定員）
総定員数：14人
工事期間：　○○○○年○月下旬～○○○○年○月上旬
（営業者 兼 管理者）
株式会社Build　　代表取締役　桂木拓海
所在地：大阪市阿倍野区○○○町○番○号　　　電話：06-0000-0000
緊急連絡先：090-0000-0000（苦情担当：桐生）

3、宿泊施設の管理について

施設内にあります帳場にてチェックイン・チェックアウトの面接及びハウスルール（以下参照）や迷惑行為禁止の説明を丁寧に行います。夜間スタッフも含めてスタッフが常駐いたしますので、緊急時にも迅速に対応し、ご近隣への迷惑をかけないように徹底いたします。

また、予約時にはゲストに対して写真付きの施設までの道案内を行い、施設近辺ではキャリーバッグなどによる近隣への騒音をおこさないよう配慮するよう説明いたします。

ゴミは、事業ゴミとして運搬廃棄の処理をします。宿泊者に対して施設前や周辺道路で喫煙することや、ゴミ、タバコ吸い殻のポイ捨てをしないよう必ず注意喚起・指導を行います。

※建物内には自動火災報知器・消火器等の消防設備が設置されており、外国語表記の１１９番通報方法を掲示しています。

（消防署より消防法に基づく消防法令に適合している通知書を受けています）

ハウスルール（案）

1. 施設付近の路上喫煙を禁止します。喫煙は施設内の決められた場所でしてください。また、当施設の付近でたばこの吸い殻をみだりに捨てないでください。なお、敷地内喫煙であっても、風向きによっては近隣や道路上の通行者などに煙が流れ、迷惑を及ぼす恐れがあるため、配慮願います。
2. 備え付けの設備以外の火気のご使用（たき火、花火等）は禁止となっております。
3. 夜間にキャリーバックを引く音、移動中の話し声はご近隣様の迷惑になるので控えて下さい。
4. 近隣住民を含む他人に嫌悪感を与えたり迷惑を及ぼすような行為（大きな声での会話、カラオケ、楽器演奏等の喧騒な行為）はおひかえください。特に夜の９時から翌朝７時まではお静かにお願いいたします。また、窓は全開にしないでください。
5. 外出時、およびチェックアウトされる際は全ての電気製品、ガスをオフにして下さい。
6. 近隣の住居を訪問されることはお控え下さい。近隣の方へのご配慮をお願いします。
7. 室内および建物の諸設備、諸物品を破損、汚損した場合は、復旧にかかる料金を全額頂く場合がございます。
8. 洗濯ものは窓枠干さず、浴室乾燥をご使用下さい。
9. ゴミは必ず当施設内の決められた場所に出してください。施設の敷地外や敷地内の公共の場所から見える場所に決まりに反したごみ出しをしないで下さい。
10. 本ルールに定められていない事項については、法令または慣例によるものさせていただきます。

※英語、中国語等、宿泊者に合わせた言語のものを複数用意いたします。

5、完成後の施設イメージについて

書式15　営業施設の付近見取図

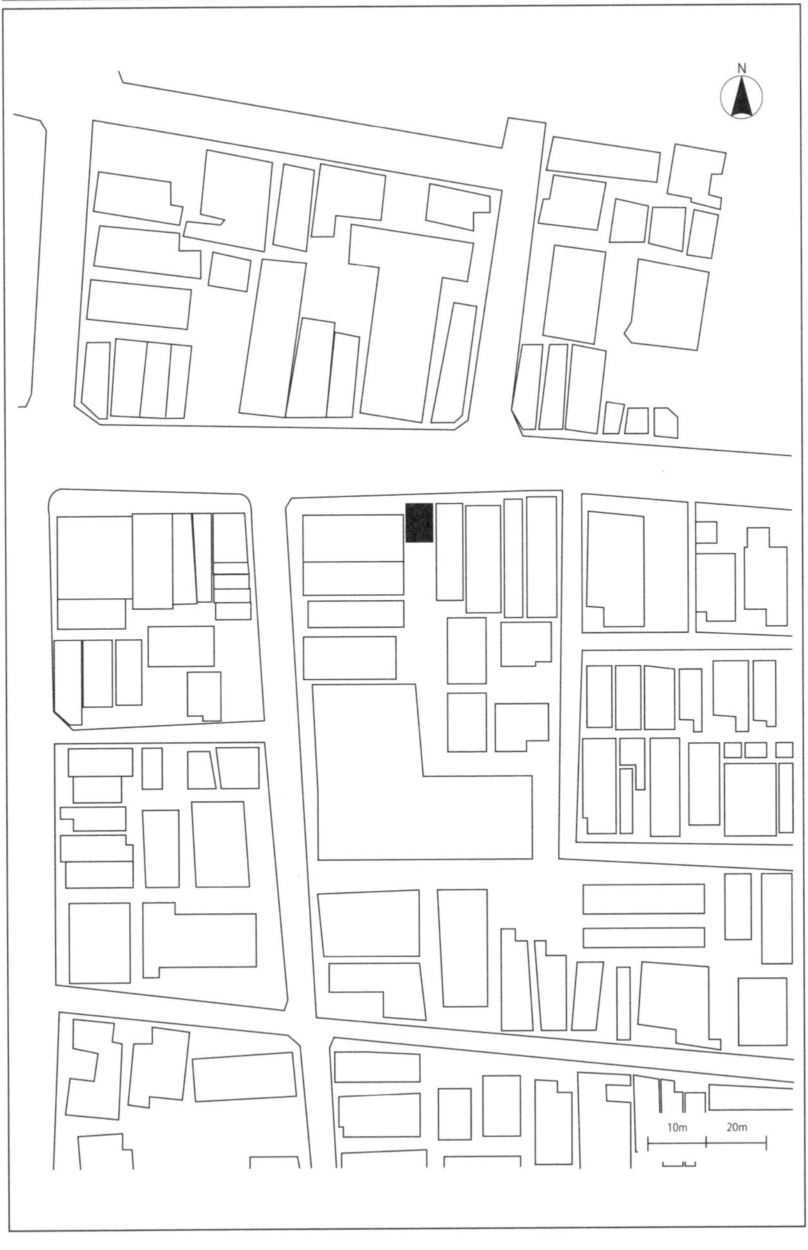

書式16　配置図

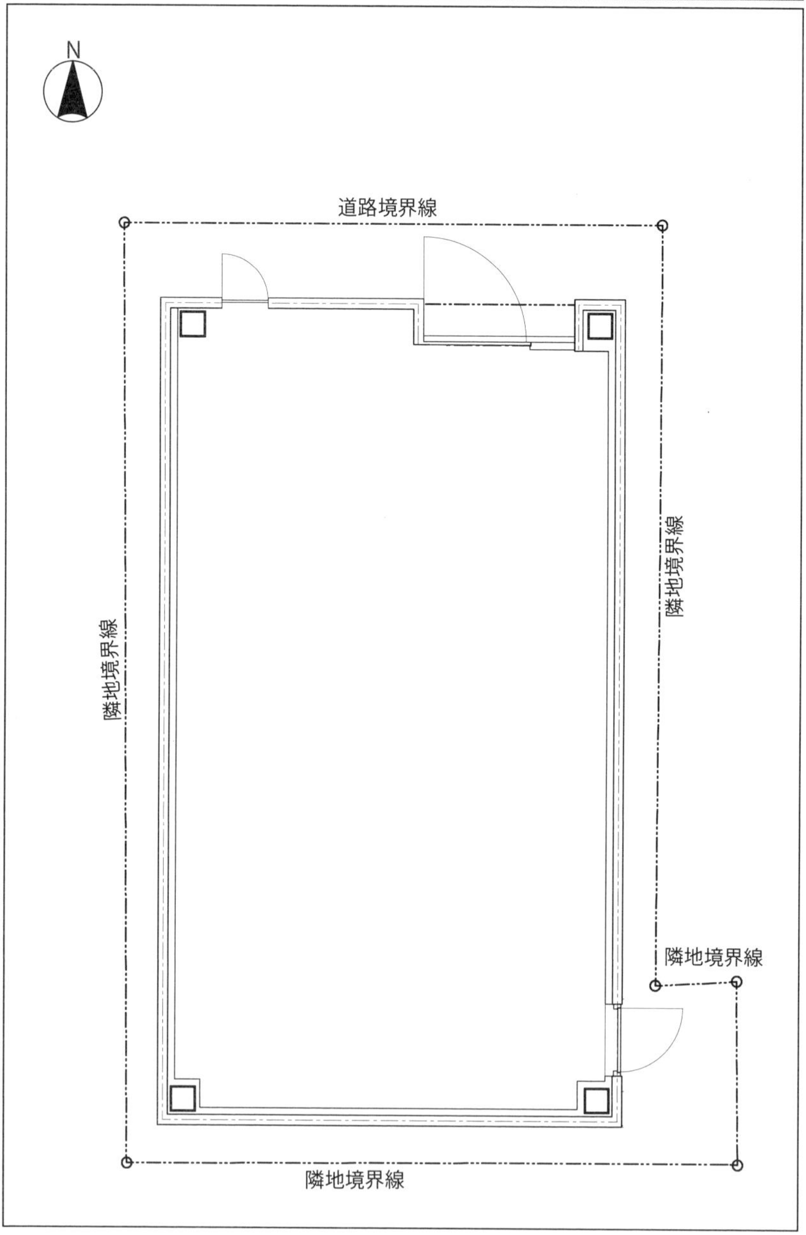

書式17 各階平面図

客室A床面積

① 0.97×0.85 = 0.82㎡

② 2.32×2.97 = 6.890㎡
0.25×0.25 = 0.062㎡
6.89−0.062 = 6.82㎡

③ 1.5×1.1 = 1.65㎡

客室A面積合計 9.29㎡

客室A採光面積

(イ) 1.25×0.95 = 1.18㎡

客室A採光面積合計 1.18㎡

1.18㎡ ＞ 1.16㎡ $\left(9.29 \times \frac{1}{8}\right)$

1階平面図

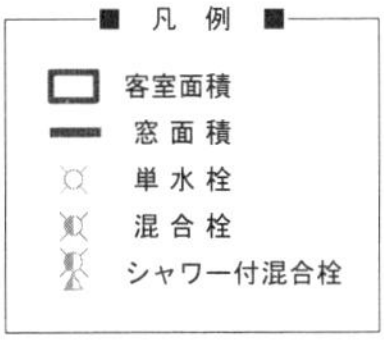

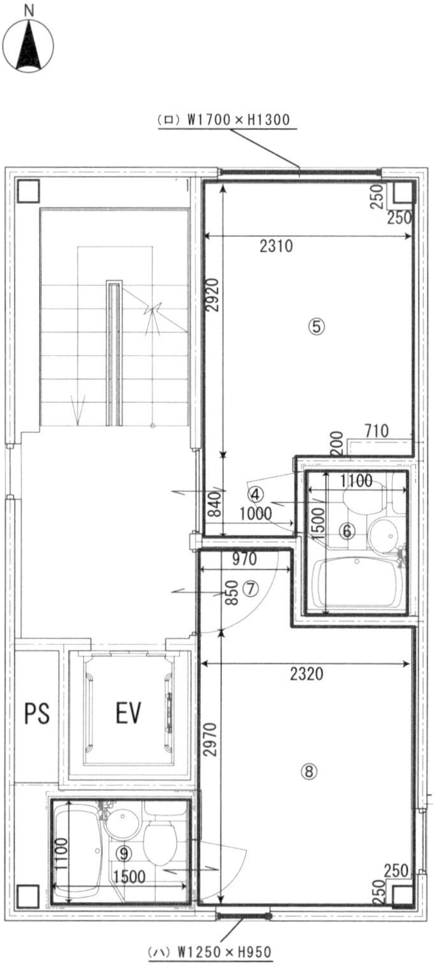

2～4階平面図

客室B床面積

④ 1.00×0.84 = 0.84 ㎡

⑤ 2.31×2.92 = 6.745 ㎡
0.25×0.25 = 0.062 ㎡
0.71×0.20 = 0.142 ㎡
6.745-0.062-0.142 = 6.54 ㎡

⑥ 1.5×1.1 = 1.65 ㎡

客室B面積合計 9.03 ㎡

客室B採光面積

(ロ) 1.70×1.30 = 2.21 ㎡
客室B採光面積合計 2.21 ㎡

2.21 ㎡ ＞ 1.12 ㎡ (9.03×$\frac{1}{8}$)

客室C床面積

⑦ 0.97×0.85 = 0.82 ㎡

⑧ 2.32×2.97 = 6.890 ㎡
0.25×0.25 = 0.062 ㎡
6.89-0.062 = 6.82 ㎡

⑨ 1.5×1.1 = 1.65 ㎡

客室C面積合計 9.29 ㎡

客室C採光面積

(ハ) 1.25×0.95 = 1.18 ㎡
客室C採光面積合計 1.18 ㎡

1.18 ㎡ ＞ 1.16 ㎡ (9.29×$\frac{1}{8}$)

■ 凡例 ■

- 客室面積
- 窓面積
- 単水栓
- 混合栓
- シャワー付混合栓

書式18　立面図

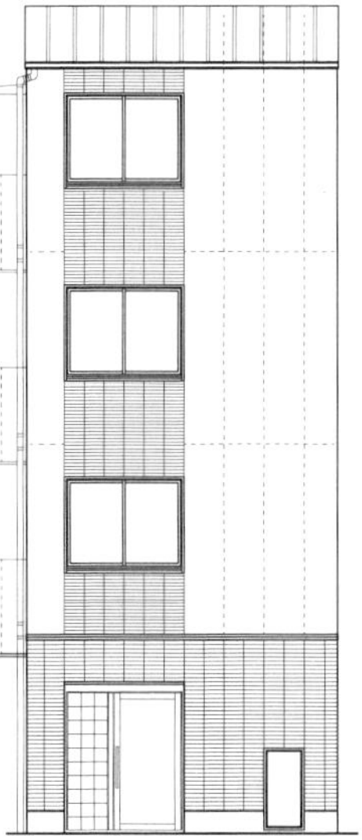

北側立面図

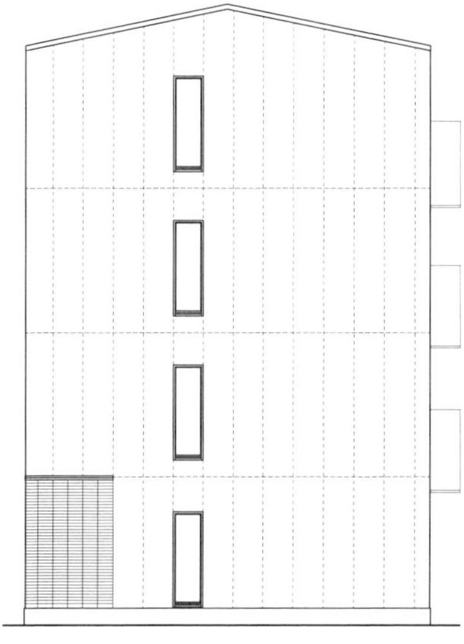

西側立面図

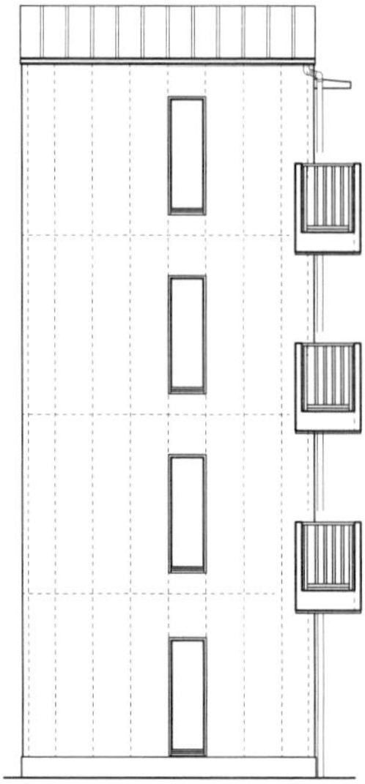

南側立面図

東側立面図

書式19　屋外広告物及び屋外照明設備等の図面

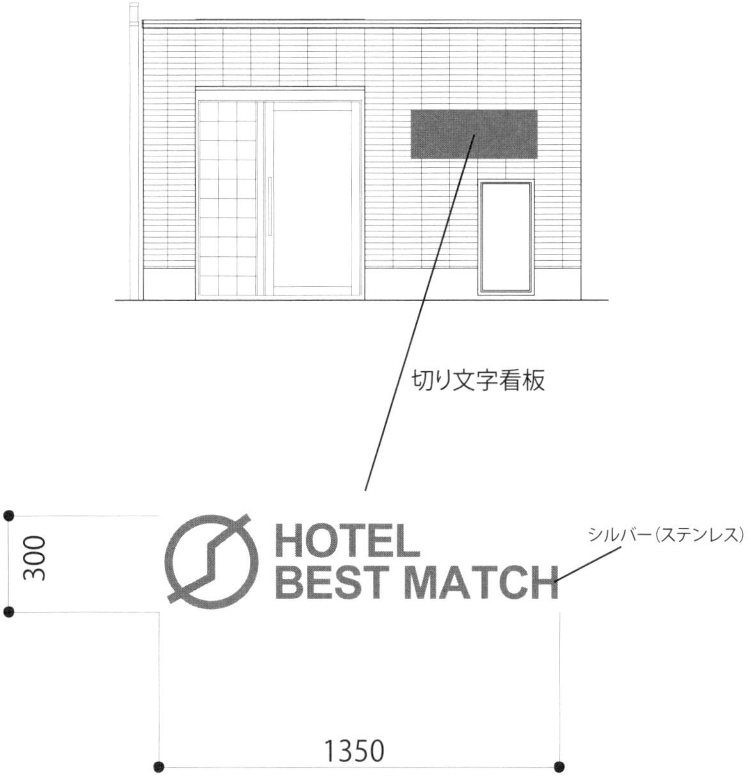

書式20　玄関帳場展開図

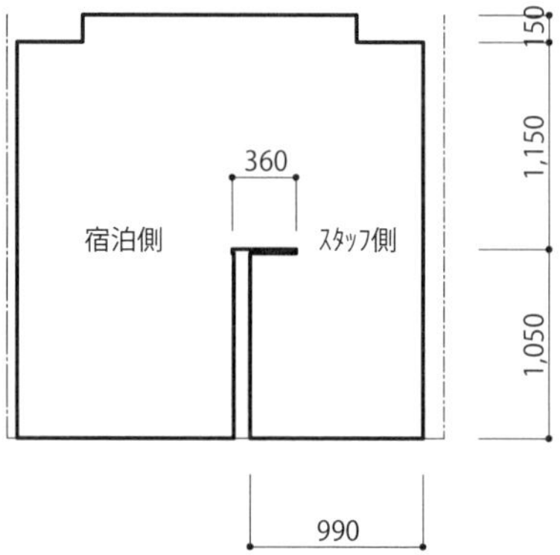

断面図

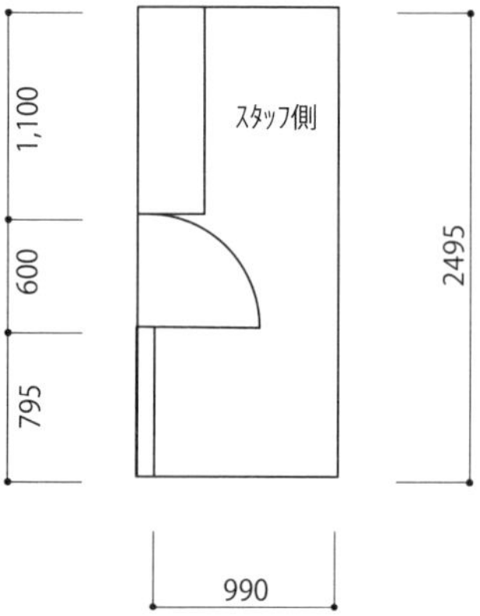

平面図

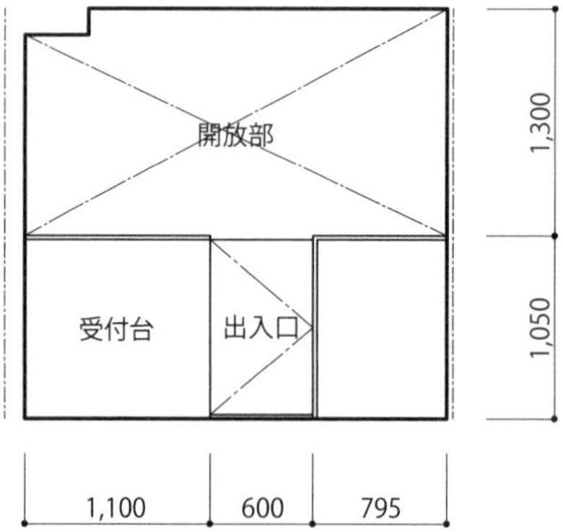

正面図

書式21　給排水系統図

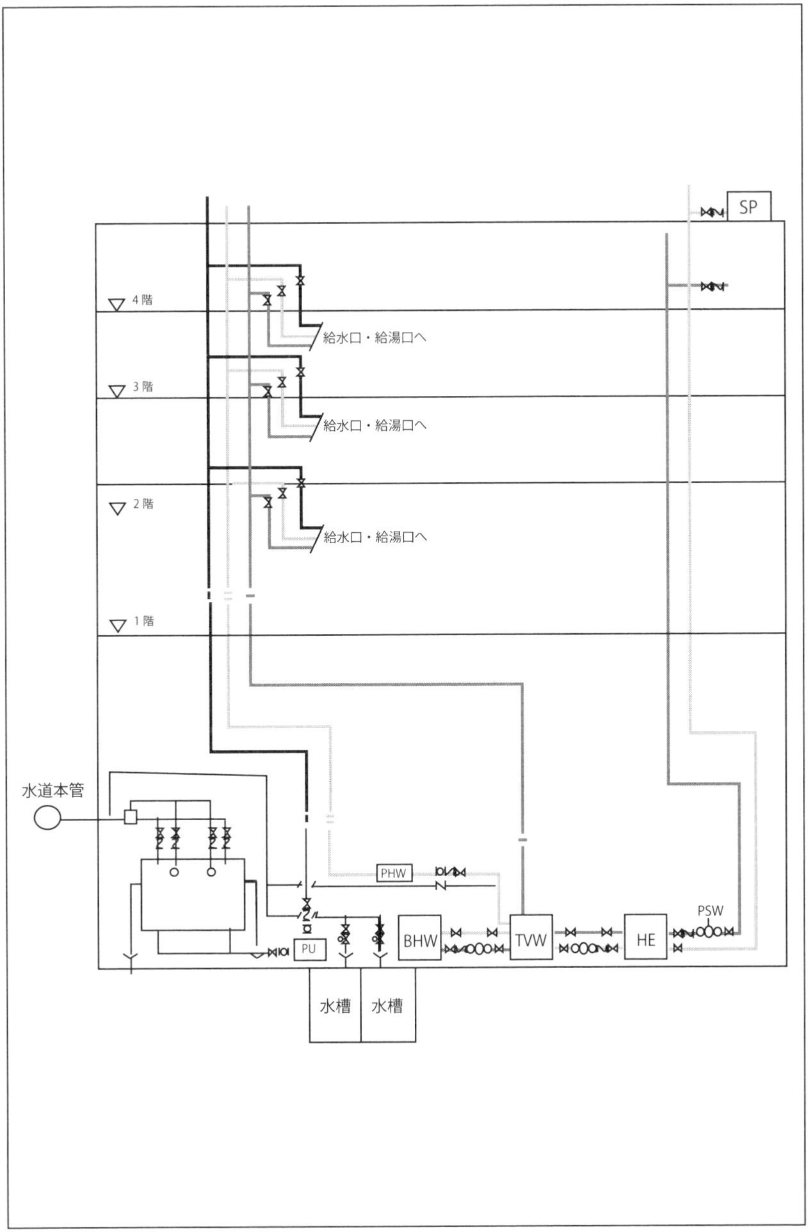
SP
4階
給水口・給湯口へ
3階
給水口・給湯口へ
2階
給水口・給湯口へ
1階
水道本管
PHW
PSW
PU
BHW
TVW
HE
水槽
水槽

6 営業開始後に必要な事項をおさえておこう

営業を開始するとさまざまな責務が生じる

営業上の義務

住宅宿泊事業についても同様ですが、旅館業は不特定多数の人が利用するため、衛生措置義務や宿泊者管理義務などが課されています。

① 衛生措置義務

施設の衛生措置義務にはさまざまなものがありますが、主なものとして「浴室」「洗面所」「トイレ」「寝室」「ゴミ処理」などの衛生措置が挙げられます。

・浴室

当然ですが、常に清潔で衛生的に保つ必要があります。具体的には「浴槽は、使用の都度、完全に換水して浴槽を清掃する」ことや、循環式の浴槽の場合、「ろ過器を十分に逆洗浄して汚れを排出する」「ろ過器・循環配管について，適切な消毒方法で生物膜を除去する」などが挙げられます。

・洗面所

洗面所も同様に清潔で衛生的に保つ必要がありますが、「石鹸を常に使用できるよう備えておくこと」や「くし・コップなどを備え付ける場合は、清潔なものとし、宿泊者ごとに交換する」ことなどが必要です。

・トイレ

「臭気の防除に努めること」や「１日１回以上の清掃」「人に直接接触する便座の部分を消毒する」といった点が挙げられます。トイレの手洗いについては洗面所と同様です。

・寝室

寝室の寝具は、原則としてシーツやカバーで適切に履い、寝衣や枕カバーなどとともに、宿泊者１人ごとに洗濯したものと取り替えます。同一の宿泊者が連泊している場合であっても、寝衣は毎日、それ以外も３日に１回は交換が必要です。

・ゴミ処理

住宅宿泊事業におけるゴミ処理（20ページ）でも述べましたが、旅館業に起因して生じるゴミは廃棄物（事業活動に伴って生じたゴミ）として処理する必要がありますので、処理する際は、廃棄物収集運搬業許可を有する事業者に委託する必要があります。

また、施設に置いている間も、処理方法に応じて分別集積したり、容器などを、適宜適切に清掃する必要があります。

② 宿泊者管理義務

旅館業者には、感染症が発生したときや感染症患者が宿泊したときに、その感染経路を調査するため、宿泊者名簿を備えることが義務づけられています。宿泊者名簿には、「氏名、住所、職業、性別、年齢、前泊地、行先地、到着日時、出発日時、室名」を記録する必要があります。日本国内に住所をもたない外国人宿泊者の場合は、「国籍・パスポート番号」についても記録が必要です。

この際、正確を期すため、パスポートのコピーを名簿に添付し一緒に保管する例が多いようです。パスポート番号等の記入は、テロ対策の一環として義務付けられました。

変更が生じた場合

旅館業では、旅館業の申請事項に変更を生じたときには、10日以内に旅館業の変更手続きが必要になります（相続承継は60日以内)。手続きが必要となる変更事由は次ページの表のとおりです。ただし、都道府県によって必要な手続きや書類などが異なる場合もありますので、詳しくは所管の保健所に相談しましょう。
なお、すでに個人として営業している旅館業を法人化したいと考えたとしても、新たに法人として許可を取得するためには、新規の許可申請を行う必要があります。この際は、同時に個人の許可について廃業届を提出しなければなりません。当然、法人の許可番号は、新たに付与されるため個人の頃の許可番号を引き継ぐことなどはできません。ただし、旅館業を営む者が死亡した場合、その相続人が引き続き旅館業を営業するときは承認を受けることで継続可能です。
一方で法人として営業している旅館業を他の法人に合併したり分割する場合も、合併または分割の登記前に承認を受ける必要があります。

■ 旅館業に関する手続きが必要な変更事由 ……………………

変更事由	変更届に添付して提出する書類
申請者の婚姻等による氏名の変更	戸籍抄本
会社名、会社の代表者、事務所所在地の変更（法人の合併分割については以下）	定款・登記事項証明書
営業所名称の変更	
施設内の構造設備の変更 ※構造の著しい変更は新規の申請になります。	新旧平面図 構造設備の概要 消防法令適合通知書 建築確認通知書・検査済証の写し
相続による承継	除籍全部事項証明書（被相続人の死亡の記載のある戸籍謄本） 相続人全員の同意書（相続人が２人以上の場合）
法人の合併または分割による承継	定款・登記事項証明書
旅館業の停止もしくは廃止	旅館業許可証（廃止の場合）

第５章

その他の手続きと書式

1 消防関係の届出について知っておこう

旅館業には厳しい基準の消防設備設置が必要

旅館業と消防法の関係

民泊などの宿泊施設は、不特定多数の人間が出入りするため、万が一火災が発生すると、甚大な被害が発生します。そのため、一般の建造物よりも防火に対する管理は高度なものが要求されることになる防火対象物とされ、さまざまな消防設備の設置が求められます。消防法施行令別表第1によると、旅館・ホテル、宿泊所は、防火対象物にあたることが明記されています（同施行令別表第1⑸項イ）。

住宅宿泊事業では宿泊者の安全の確保が重要

住宅宿泊事業の場合は、営業する宿泊施設について一定の要件を充たすと、非常用照明器具の設置や防火区画などの措置が必要になります。

一定の要件とは、家主不在型で宿泊者の使用に用いる部分が50㎡を超える場合です。一戸建てや長屋（連棟）の場合でも、マンションなどの共同住宅の場合でも基本的に考え方は同じですが、一戸建てや長屋（連棟）の場合、床面積や階数に応じてさらにさまざまな措置が必要になるので注意が必要です。

なお、住宅宿泊事業法に基づく住宅宿泊事業も建物用途が「住宅」である建物を用いますが、旅館やホテルに類するものとして旅館やホテル同等の消防設備の設置などが求められます。

消防設備の設置に伴う手続き

手続きには以下のような書類を作成する必要があります。

書式1　消防用設備等（特殊消防用設備等）設置届出書（189ページ）

民泊においても火災発生場所の感知器の信号を建物全体に警報音を伝えることができる自動火災警報装置の設置義務は免れることができません。

ただし、この設備や設置工事の費用はかなり高額になるため、小規模な施設にとっては本格的すぎる設備だといえます。そのため、2015年4月1日から延べ面積が300㎡未満の場合、簡易な無線連動式自動火災報知設備の設置さえ行えば、本格的な設備の設置は免除されています。

したがって、事前に消防署にこの設置届書の提出について相談しておく必要があります（自治体によっては事前に承認申請をしなければならない場合があるため）。

①　防火対象物の概要

この欄は、宿泊施設に関する概要を登記記載事項に従って記載します。

②　消防用設備等（特殊消防用設備等）の種類

民泊の場合、設置する特殊消防用設備は、特定小規模施設用自動火災報知設備です。

③　工事

工事欄は実際に工事を依頼する電気工事士の名称等を記載します。通常の自動火災報知設備を設置できる資格は、消防設備士（甲種）のみとなっていますが、配線工事が不要な無線連動式自動火災報知設備の場合は、消防設備士の資格を有さない電気工事士でもかまいません。

書式2　防火対象物使用開始届出書（190ページ）

消防法では、施設に関して防火対象物という概念が設けられています。防火対象物は、不特定多数の人間が出入りするため、万が一火災が発生すると、甚大な被害が発生します。そのため、一般の建造物よりも防火に対する管理は高度なものが要求されることになります。

①　**「届出者」**

防火対象物（宿泊施設）を使用しようとする者の住所、電話番号、氏名を記載し、押印します。法人の場合は、本店所在地、電話番号、商号、代表者氏名となります。

②　**「敷地の概要」**

宿泊施設がある土地関係の詳細を記載します。防火地域や用途地域は、都道府県ホームページや所管の都市整備局等ホームページで検索し、確認できることも多いようです。

③　**「防火対象物の概要」**

宿泊施設そのものの詳細を記載します。「用途」の項目は消防庁のホームページに掲載されている「消防法施行令別表第一（防火対象物の用途区分表）」に従って記載します。たとえば、簡易宿所であれば「⑸項イ」となります。

④　**「設計・施工者等」**

実際に設計、施行を行った業者に詳細を確認した上で記載します。

⑤　**「裏面」**

届出の理由（建築、改装等の工事となります）を具体的に記載します。配置図については、建物の一部の場合は建物全体と宿泊施設に用いる部分がわかるように作成します。

戸建ての場合は、隣接する建物や避難経路と想定される通路を記載しますが、連棟の場合、隣接する界壁が天井裏まで耐火構造となっているかなどを明示する必要があります。

書式３　消防法令適合通知書交付申請書（191ページ）

消防法令適合通知書交付申請書は、営業しようとする業種によって「申請理由区分」を選択します。本書で取り上げた京都市の書式では、旅館業の例を用いたものを掲載しておきます。

書式1　消防用設備等（特殊消防用設備等）設置届出書

第8号様式の4（第 14 条の3関係）

消防用設備等（特殊消防用設備等）設置届出書

平成〇〇年〇〇月〇〇日

東京消防庁
　消防署長　殿

届出者
住　所　**東京都大田区大森南〇丁目〇番地〇**
電話　03（〇〇〇〇）〇〇〇〇
氏　名　**株式会社　スター**
代表取締役　星　輝夫　㊞

下記のとおり、消防用設備等（特殊消防用設備等）を設置したので、火災予防条例第 58 条の3第1項の規定に基づき届け出ます。

記

防火対象物の概要	名　称	宿屋蒲田本町
	所在地	東京都大田区蒲田本町〇丁目〇番地〇
	用　途	（ 5 ）項　（ イ ）
	構造・階層	木　造地上　2　階　地下　　階
	面　積	敷地面積　36.34 ㎡　床面積　35.43 ㎡ 延べ面積　35.43 ㎡
消防用設備等（特殊消防用設備等）の種類		特定小規模施設用自動火災報知設備

工事	種　別	新設・増設・移設・取替え・改造・その他（　　）					
	設計者	住　所	東京都大田区池上〇丁目〇番地〇　電話 03（〇〇〇〇）〇〇〇〇				
		氏　名	醍醐　恵				
	施工者	住　所	東京都大田区池上〇丁目〇番地〇　電話 03（〇〇〇〇）〇〇〇〇				
		氏　名	醍醐　恵				
	消防設備士	住　所	東京都大田区池上〇丁目〇番地〇　電話 03（〇〇〇〇）〇〇〇〇				
		氏　名	醍醐　恵				
		免　状	種類等	交付知事	交付年月日 交付番号	講習受講状況 受講地	受講年月
			甲・種　類 乙	東京　都道府県	H2年2月22日 第00000号	東京　都道府県	H27年2月
完成年月日							

※　受　付　欄	※　決　裁　欄

備考　1　届出者が法人の場合、氏名欄には、その名称及び代表者氏名を記入すること。
　　　2　※欄には、記入しないこと。

（日本工業規格A列4番）

書式２　防火対象物使用開始届出書

第３号様式の２（第12条の２関係）

（表）

防火対象物使用開始届出書

令和○○年 ○ 月 ○ 日

東京消防庁
○○消防署長　殿

届出者
住　所 東京都大田区大森南○丁目○番地○
電話　03　(○○○○) ○○○○
氏　名 株式会社 スター 代表取締役　星　輝夫 ㊞

下記のとおり、防火対象物又はその部分の使用を開始したいので、火災予防条例第○条の○第○項の規定に基づき届け出ます。

記

敷地の概要	名　称	木造 地上２階			
	所在地	東京都大田区蒲田本町○丁目○番地○			
	防火地域	防火地域		用途地域	近隣商業地域
	敷地面積	36.34㎡			
防火対象物の概要	工事等場所	宿屋蒲田本町			
	所有者	住　所	東京都大田区大森南○丁目○番地○電話　03　(○○○○) ○○○○		
		氏　名	株式会社 スター　代表取締役　星　輝夫		
		所有形態	単　独　・　共　有　・　区　分　・　その他		
		分　類	証券化　・　指定管理　・　民間資金活用（ＰＦＩ）　その他（　　）		
	所有者との関係	本　人　・　賃　借　・　転　借　・　その他（　　）			
	工事等開始日	令和○○年○月○日		使用開始日	令和○○年○月○日
	工事等種別	内装			
	用　途	（５）項　イ（　簡易宿所ラウンジ　）			
	面　積　等	建築面積　○○○.○○ ㎡　延べ面積　○○○.○○ ㎡			
	構造・階層	鉄筋コンクリート造　地上８階　地下１階			
設計・施工者等	設　計　者	住　所	東京都大田区池上○丁目○番地○電話　03　(○○○○) ○○○○		
		氏　名	醍醐　恵		
	施　工　者	住　所	東京都大田区池上○丁目○番地○電話　03　(○○○○) ○○○○		
		氏　名	醍醐　恵		
	防火安全技術講習修了者	住　所	電話　（　）		
		氏　名			
		修了証番号		修了年月日	
		修了課程			
	石油機器技術管理講習修了者	住　所	電話　（　）		
		氏　名			
		修了年月日		修了証番号	
※　受　付　欄			※　経　過　欄		

具体的な記載方法がわからない場合には、管轄の消防署の予防係に相談する。

（日本工業規格Ａ列４番）

書式３　消防法令適合通知書交付申請書

第１号様式（第２条関係）

消防法令適合通知書交付申請書

（宛先）京都市　　消防署長	年　　月　　日
申請者の住所（法人にあっては，主たる事業所の所在地） 京都市下京区〇〇町〇〇番地〇〇	申請者の氏名（法人にあっては，名称及び代表者名。記名押印又は署名） 株式会社　井口屋 代表取締役　井口 真助 電話 075-000-000

下記の防火対象物の 全体 部分 について，消防法令適合通知書の交付を申請します。		
防火対象物	名　　称	宿屋　おうみ
	所 在 地	京都市中京区河原町通蛸薬師下る△△町〇〇〇番地
申請区分	☑ 旅館業法第３条の規定による営業の許可 □ 旅館業法施行規則第４条の規定による構造設備の変更の届出 □ 国際観光ホテル整備法第３条又は第１８条第１項の規定による登録 □ 国際観光ホテル整備法第７条第１項又は第１８条第２項において準用する第７条第１項の規定による施設に関する登録事項の変更の届出 □ 風俗営業等の規制及び業務の適正化等に関する法律第３条の規定による営業の許可 □ 風俗営業等の規制及び業務の適正化等に関する法律第９条の規定による構造又は設備の変更等の承認又は届出 □ 興行場法第２条第１項の規定による営業の許可 □ 京都市興行場法施行細則第７条の規定による構造設備の変更の届出 □ 公衆浴場法第２条第１項の規定による経営の許可 □ 公衆浴場法施行規則第４条の規定による構造設備の変更の届出	

※ 整理番号		※ 交付番号	
※ 受付年月日	年　　月　　日	※ 交付年月日	年　　月　　日

注１　「全体
部分」の文字については，該当しない文字を横線で消してください。

２　申請に係る営業施設が防火対象物の部分の場合は，当該営業施設の名称を（　　）内に記入してください。

３　該当する□には，レ印を記入してください。

４　防火対象物の付近見取図，配置図，平面図その他必要な資料を添付してください。

５　※印の欄は，記入しないでください。

2 民泊のトラブル対応策について知っておこう

ゲストや近隣住民とのトラブルの発生の予防と対策

どんなトラブルが想定されるのか

民泊ビジネスでは、さまざまなトラブルが生じます。トラブルが発生する主な要因は、大きく分けて２つあります。１つ目は、ゲストとホストがインターネット上の情報だけでやり取りをするという点、２つ目は、見ず知らずの外国人を自分達の生活空間などに招き入れるという点です。

ゲストはインターネット上の紹介ページを見て、利用したい宿泊施設を探します。ホストは、多くのゲストに興味を持ってもらえるよう、自分の施設をうまく紹介していかなければなりません。特に、建物の外観や部屋の内装などの写真は、アピールするために欠かせない要素です。そのため、できるだけよい印象を持ってもらえるよう、写真の撮り方に工夫を凝らす人も多いようです。

しかし、実際よりも優良な施設であるかのように勘違いをさせてしまうと、ゲストが実際に現地を訪れた際に「話が違う！」とクレームがくる場合があります。このような事態の発生は、ホストとしての信用を落とすだけでなく、ゲストから宿泊料の返金を求められたり、さまざまなペナルティを科せられることも予想されます。

情報の受け取る側の立場に立ち、やり過ぎない程度のアピールにとどめておくよう心がけることが大切です。

また、パソコンやスマートフォンなど、画面上の確認だけでやり取りをすると、読み忘れや読み間違い、勘違いなどが生じる可能性が高くなります。したがって、重要な事項については、何度もメールなどで伝えるようにしたり、プリントアウトしてもらうように促すなど、念を押した確認を求めるとよいでしょう。また、外国人にとって宿泊施設までの道順がわからず、近隣住民に聞きまわったり、間違った建物に立ち入ってしまうなどのトラブルも多くあります。間違いがなくなるような案内図の作成や、他の建物との区別が明確になるような工夫（目立つ看板やのれんなど）を講じる必要があります。

文化の違いによるトラブルはあるのか

たとえば、欧米諸国では靴を脱ぐ習慣がないため、土足のまま部屋に上がり込んでくることがあります。文化の違いによるトラブルは事前に注意事項を明確に伝えることで回避することが可能です。前述の土足の例であれば、玄関先に土足厳禁であることをゲストの使用する言語で書いた張り紙やステッカーなどを貼り、スリッパなどを準備しておくだけで防ぐことができます。

また、トイレについても文化差が激しい生活習慣といえます。便座の座り方や、トイレットペーパーの流し方、水の流し方などを絵などを使ってわかりすく書いた紙を貼っておくようにするとよいでしょう。この他、ゲストに守ってほしい事項などがあれば、紙に書いて壁に貼っておくなど、少しの工夫でトラブルは避けることができます。

宿泊拒否をすることはできないのか

あまり考えたくないことですが、訪日外国人による盗難や暴行など、刑事事件が発生したケースも多く存在していますので、危機管理意識は常に持っておくことが大切です。万が一、何か事件に巻き込まれた場合には、必ずすぐに警察に通報しましょう。

まず、旅館業法では、宿泊客が違法行為をする恐れがあると認められる場合や、伝染病の疾病にかかっていることが明らかな場合に宿泊を拒否することができます。

また、住宅宿泊事業法では、宿泊させたくない客について受け入れを拒否することができます。住宅宿泊事業法の届出を選択する場合は、少しでも不安な要素が感じられたり、おかしいなと思うような部分がある場合は、躊躇せずに宿泊拒否をするようにしましょう。しっかりと審査が行われている施設である方が、ゲスト側も安心して利用することができるはずです。

地域コミュニティとの調和を図る

特にホスト非居住型では、ホストの目が行き届かなくなる分、マナー面についてのトラブルが発生しやすくなる傾向があります。

夜中に大声で騒ぐ、ゴミ捨てのルールに従わないなど、近隣住民からのクレームが生じることはよくあることです。ゲストには、地域の人々の迷惑になる行為をしないように、十分注意喚起をしておく必要があります。

また、住宅宿泊事業法ではマンションも登録できるようになるといっても、セキュリティの厳しいファミリー向けの分譲マンションや高級マンションなどは、不特定多数の人の出入りを好まない傾向にあるため、民泊ビジネス用の物件には不向きです。マンションの管理規約に民泊を禁止する分譲マンションも出現しており、民泊ビジネスを始める際には、このようなタイプのマンションは避けるようにしましょう。

なお、マンション購入時には管理規約に民泊を禁ずる条項は盛り込まれていなくても、その後、ある一定の要件を充たせば、管理規約を変更して民泊を禁止する条項を設けることができます。

したがって、まず、民泊ビジネスを始める前に所有するマンションが民泊を禁止していないかどうか確認する必要があります。

管理規約で民泊が禁止されていなくても、トラブルが多発すれば、管理規約を変更して、民泊が禁止されることもあります。そうならないためにも、民泊ビジネスを始める前の段階から、管理者や他の入居者との交流を図り、民泊への理解と協力を求めておく必要があります。いきなり不特定多数の外国人がマンションに出入りするようになれば、誰でも当然不信感を抱きます。

戸建て、マンション、いずれの場合であっても、民泊が持つ特徴や、絶対周囲に迷惑をかけないように配慮すること、問題が生じた場合に備えて苦情窓口を用意することを、しっかり検討した上で、他の住民に説明して同意を得るようにしましょう。

民泊は、地域コミュニティとの調和が図られることで、初めて成功したといえます。ホストとゲスト、地域住民いずれもが納得できて、初めて充実した異文化交流を実現できるのです。

賃貸借契約の場合には大家の許可をとる必要がある

民法612条では「賃借人は、賃貸人の承諾を得なければ、その賃借権を譲渡し、又は賃借物を転貸することができない」と定められており、大家（賃貸人）に無断で部屋をまた貸し（転貸）をすれば、大家は賃貸借契約を解除することができるとされています。

民泊は、特区民泊を除けば賃貸借契約ではなく宿泊契約であることから、厳密には「また貸し」にあたらないにしても、民泊ビジネスは反復継続して行われることから、「また貸し」と同じ状況にあるといえます。また大家に無断で民泊を開始することは、「賃借人を信用して部屋を貸した」大家の信頼を裏切ることにもなりますので、大家に無断で民泊を行えば、賃貸借契約を解除される可能性は十分にあります。そのため、民泊に使用する宿泊施設が賃貸物件である場合には、事前に大家の許可をとる必要があります。

もしトラブルが発生してしまったら

どんなに注意を払っていても、トラブルが生じることはあり得ます。トラブルが発生した場合には、被害を最小限に抑えることを考えるようにしましょう。

まず、迅速に対応することが何よりも重要です。ゲストからのクレームであっても、地域住民からのクレームであっても、真摯に相手の意見を受け止め、すぐに対応にあたるようにしましょう。すぐに動くという姿勢を見せるだけでも、相手の怒りは収まりやすくなるものです。軽微なクレームであれば、対応の速さで、結果的は高評価を得られる可能性もあります。事態が深刻なトラブルの場合は、Airbnbなど利用しているサイトのヘルプセンターや、行政機関の設置している相談窓口などに相談しましょう。一人で抱え込まずに、第三者に助けを求めることが大切です。

トラブル防止のためにハウスルールを作る

ハウスルールとは、ホストがゲストに守ってもらいたい家の取り決めごとをいいます（199ページ）。喫煙可能なエリアはどこか、家電製品の使い方やトイレの使い方、ゲストが使用できる部屋の範囲はどこまでか、土足厳禁の徹底や、ゴミ出しの仕方や建物内では騒音を出さないなど、ホストとゲスト、ゲストと近隣住民との間のトラブルを回避し、快適に民泊ビジネスを行えるよう、さまざまな約束事をハウスルールという形でまとめておく必要があります。

ハウスルールは英語など複数言語で記載し、写真やイラストなどを用いて、視覚的にわかりやすく明示するとよいでしょう。

Airbnbでは、ハウスルールが公開されるため、ゲストは宿泊リクエストを送る前に、必ず定められたハウスルールを読んで、これに同意しなければなりません。ハウスルールと同時に保証金を設定しておけば、ルール違反によって損害が発生した場合には、ホストは保証金を受け取ることができ、ゲスト側としても、追加料金を避けたいとの心理から、ルールに従った行動をとるようになるので、リスクヘッジにもなります。

地域で受け入れられる物件なのかをよく調査する

地域住民にとっては、近隣に民泊ができることは、パチンコ店やアミューズメント施設などが近隣にできるのと同様に不安に感じていることを認識しておく必要があります。見ず知らずの人が多数訪れるようになる点では、民泊もパチンコ店なども変わらないからです。軽井沢町（長野県）などのように「不特定多数による利用や風紀を乱すおそれ」を理由として、民泊施設の設置を自治体内の全域で認めないことを宣言している自治体も存在します。

民泊を始める際は、その計画段階から地域に対して説明会を行うなど、営業内容について周知を図り、協定書（200 ～ 202ページ）を締結するなど、地域住民と良好な関係を構築することが望ましいといえます。また、物件を購入する前には、法令上の規制だけでなく、自治体が民泊についてどのような対応を取っているのかを確認しておくことが重要です。

■ トラブルの防止のためにすべきこと

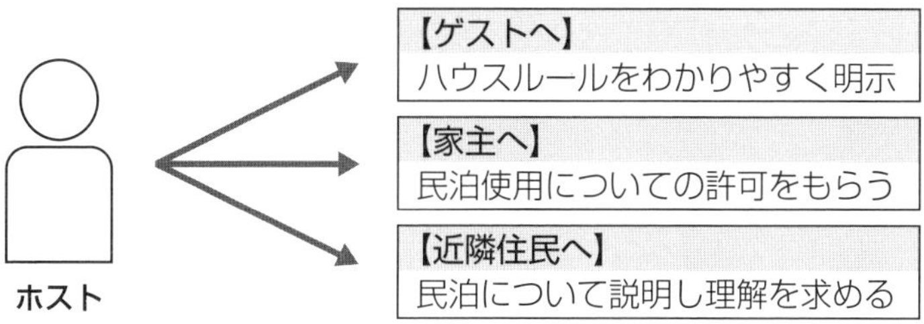

どんな法規制があるのか

民泊を始める際には、住宅宿泊事業の届出をしない場合、旅館業法上の許可を取得することが必要です（一部の自治体では特区民泊の制度があります）。この許可を取得するためには、さまざまな法令や自治体の条例が定める規制をクリアしなければなりません。簡易宿所営業の許可に関係する法令上の規制のうち、特に気をつけなければならないのが、建築基準法と消防法の規制であると言われています。

建築基準法の規制で最も重要なのが、用途地域による建築規制です。用途地域とは、土地の利用を規制・誘導するためのルールのことで、都市計画法が12種類の用途地域を定めています（209ページ）。建築基準法ではどの用途地域で建築物を建築できるか、または建築できないかを、建築物に応じて細かく定めています。簡易宿所についても定めがありますので、予定物件がどの用途地域であるかを購入前に必ず確認しなければなりません。

消防法の規制については、①自動火災報知設備の設置、②誘導灯・消化器の設置や防炎カーテン・絨毯などの使用、③携帯電灯・避難経路図（ガイド）の準備などが必要です。

■ ゲストハウス（簡易宿所）に関する建築基準法の規制 ………

用途地域	第１種住居地域、第２種住居地域、準住居地域、近隣商業地域、商業地域、準工業地域で建築が可能
用途変更の確認申請	用途床面積が200㎡を超える場合は用途変更の確認申請（建築確認申請）が必要
難燃材料等	用途床面積が200㎡以上の場合は居室・避難経路の内装仕上げを難燃材料等とする
耐火建築物	３階建以上の場合または用途床面積が300m²以上の場合は耐火建築物とする

書式4　ハウスルール

この宿泊施設をご利用される皆様へ

ようこそ。当宿泊施設を選んでくださり、ありがとうございます。

滞在中、快適に過ごしてもらうため、またトラブル防止のために宿泊の際に守って頂くためのルールは下記の通りです。

●早朝や夜間に当施設内や付近の路上で大声、演奏、旅行かばんを引く音、その他大きな音など近隣に迷惑となる騒音を立てないでください。また、窓は全開にしないでください。

●ゴミは必ず当施設内の決められた場所に出してください。施設の敷地外や敷地内の公共の場所から見える場所に決まりに反したごみ出しをしないでください。

●施設付近の路上喫煙を禁止します。喫煙は施設内の決められた場所でしてください。また、当施設の付近でたばこの吸い殻をみだりに捨てないでください。なお、敷地内喫煙であっても、風向きによっては近隣や道路上の通行者などに煙が流れ、迷惑を及ぼす恐れがあるため、配慮願います。

●施設前に旅行かばん、自転車、その他の物を置くことを禁止します。

●施設内に火器類の備え付けはありません。ガスコンロやストーブなどを持ち込むことは禁止します。

●施設内は土足厳禁です。玄関で靴を脱いでください。

●施設内の設備、備品の損傷や汚損、鍵の紛失などの場合は、物品相当額を負担頂きます。

●当施設に宿泊者以外の者を立ち入らせることを禁止します。

●出かける際や就寝の際、電気を付けたままにしたり、水道を出し続けないでください。

●本ルールに違反した場合は、退館して頂く場合があります。

書式5　地域住民との協定書

協　定　書

京都市中京区河原町通蛸薬師下る△△町〇〇〇番地における宿泊事業に関し、△△町町内会（以下「甲」という）と営業者及び管理者である株式会社井口屋（以下「乙」という）とは、以下のとおり協定書を締結する。

第1条（目的） 本協定書は、乙が運営を行う本件物件について、周辺住民に対する迷惑行為を防止するとともに近隣住民の健全かつ完全な生活環境の確保が図られるよう、必要な事項について定める。

第2条（営業者の責務） 乙が運営を行う本件物件の営業において、周辺住民との間で問題が生じた場合、乙は責任を持って速やかに解決しなければならない。

第3条（営業者の連絡先の明示等） 乙は、本件物件の名称、乙の法人名及び代表者の氏名、管理者名、連絡先について、外部からわかる場所に明示するものとする。

2　前項に加えて、乙は、あらかじめ緊急時に連絡が可能な連絡先を甲に通知するものとする。また、変更が生じた場合も同様とする。

第4条（宿泊事業の運営について） 乙は、本件物件の管理体制について、次の各号に掲げる事項を遵守することとする。

一　消防法に定められた設備の設置を遵守した上、館内は火気厳禁とし、火災予防措置を徹底する。

二　ゴミの処理は、「廃棄物の処理及び清掃に関する法律」や「京都市廃棄物の減量及び適正処理等に関する条例」等に基づき、事業ゴミとして、乙が責任を持って行う。

三　宿泊施設は、近隣住居と明確に区別が付くよう適切な措置を講じるとともに、予約時などにあらかじめ、所在地、最寄駅、道順、その他目印となるものを案内するものとする。

四　近隣家屋へのプライバシーに配慮し、カーテン、すだれ等の目隠し措置を講じなければならない。

五　登下校時間帯における通学路の通行には、特に安全上の配慮を行うものとする。
六　夜間の防犯に備え、適度な照明の常夜灯を設置する。
七　本件物件及びその周辺部の環境美化に努める。
八　乙は、甲や甲の属する自治連合会が実施する消防訓練、防災訓練には積極的に参加するものとする。

2　乙は、宿泊者がチェックインする時には、必ず本件物件内で宿泊者と面接し、旅館業法及び旅館業法施行規則に定められている名簿の記載等、必要な措置をとらなければならない。

第5条（利用者による迷惑行為の防止） 乙は、宿泊者に対し、利用開始前に、次の各号に掲げる迷惑行為がなされないように周知し対策しなければならない。
一　本件物件内及び本件物件近辺で大声を出す行為や騒音をたてる行為
二　たばこのポイ捨てやゴミの投棄
三　前面道路及び周辺道路等への自動車、自転車、バイク等の不法駐停車
四　バーベキューや燻煙、有毒ガス、腐敗等による悪臭など、周囲に迷惑となる行為
五　周辺にたんやつばを吐く、大小便・嘔吐をする行為
六　危険物品の持ち込み、火気類の使用
七　風紀を乱し公序良俗に反する行為

2　乙は、前項に掲げる迷惑行為が発生したときは、直ちにその行為をやめさせるよう宿泊者に対し指導するとともに、適切な原状回復措置をし、再発防止策を講じなければならない。

3　前項に掲げる指導が行われない場合、もしくは宿泊者が乙の指導に従わない場合、甲は、直接、宿泊者に苦情を申し入れることができる。

4　乙は、宿泊者が外国人における滞在中のマナー違反（風習が異なることにより発生することが懸念される事柄を含む）についても、全責任を持つものとし、利用開始前又は適宜、口頭や書面、張り紙等で指導徹底するものとする。

5　宿泊者及び乙が本条を遵守しないことにより、甲に属する住民の

健全な日常生活の維持が困難となる状況が生じた場合、乙は退去等しかるべき措置を講じなければならない。

第6条（本協定の継承について）本協定の継承について、甲及び乙は、次の各号に掲げる事項を遵守することとする。

一　本協定は、甲及び乙の継承人においても効力があるものとし、継承時には、その旨を書面にて通知、継承させる。

二　甲の継承人が本協定に違反し、または、明らかに違反する恐れがある場合、もしくは違反等についての改善の申し入れがあった場合は、甲及び乙は誠実に協議をし、解決を図るものとする。

三　本件物件が、宿泊施設とは異なる用途に変わった場合、本協定書は効力を失う。

第7条（町内会費等について）乙は、蒲田本町町内会の規約に従い、町内会費を納めるとともに、町内会活動に協力するものとする。

2　甲は、町内会活動等に関する情報を適宜、乙に伝えるものとする。

第8条（その他）本協定に定めていない事項又は疑義が発生した場合には、甲及び乙は協議の上、誠意を持って解決に努めるものとし、乙は、甲からの要望を最大限尊重するものとする。

本協定書締結の証として本書を必要部数作成し、署名又は記名捺印の上、各々各1通を保有するものとする。

令和○○年○月○日

甲：△△町町内会
会長　　吉高　俊太郎　　　㊞

乙：営業者及び管理者
京都市下京区○○町○○番地○○
株式会社　井口屋
代表取締役　　井口　真助　　㊞

第6章

民泊ビジネスに関連する建築基準法や消防法の知識

1 建築基準法とはどんな法律なのか

用途変更前に、法の基準に沿った構造に改装工事をする必要がある

なぜ建築基準法が問題になるのか

建築基準法は、建物の敷地、構造、設備、用途などについて守るべき必要最低限の基準を定めることによって、人間の生命や健康、財産を保護することを目的とした法律です。

建築基準法は、日々改正され、基準は見直されていきます。すると、それ以前にはそれらの基準に適合していた建築物が、新しい基準に適合しなくなる事態が起こり得ます。

しかし、過去にさかのぼって法律を適用するわけにはいきませんので、それ以前にはそれらの基準に適合していた建築物については、改正後の法律等の基準に適合していなくても合法建築物とみなします。

このような建築物のことを、既存不適格建築物といいます。法律改正等によって規定が変更された時点（基準時）ですでに存在していた建築物と、その時点で建築（増築・改築を含む）中、修繕中、模様替え中だった建築物との両方が既存不適格建築物として認められます。

過去にさかのぼって法律を適用するわけにはいきませんから、それ以前にそれらの基準に適合していた建築物については、改正後の法律等の基準に適合していなくても合法建築物となさざるをえないわけです。

ただし、既存不適格建築物が合法建築物とみなされるのは、あくまで建築時の建築物用途のまま利用されている間に限られます。

民泊では、それまで建築物用途が「住宅」や「共同住宅」で

あった建築物を宿泊事業に用いることから、建築物用途が「住宅」や「共同住宅」から「ホテルまたは旅館」に変更（用途変更）されます。

この時点で、合法建築物とみなされる既存不適格建築物から、違法建築物とみなされることになりますので、通常は用途変更の前に、現行の建築基準法の規制に沿った構造に改装工事しなければなりません。しかし、この改装工事は莫大な費用がかかるため、多くの民泊では、改装工事をすることなく違法建築物のまま営業を開始する例も多く見られます。

なお、住宅宿泊事業法は、建築物の用途が「住宅」のまま宿泊事業が行える旅館業法の例外ともいえます。その他、年々軽微な増築がされたり、改装が加わっており、建ぺい率、容積率、斜線規制（建築物の各部分の高さに関する規制）などについて適合しなくなっていないかなどもチェックしておく必要があります。これらは都市計画や用途地域によって変わりますので、詳しくは自治体のホームページや窓口で確認する必要があるでしょう。

■ 建築基準法の目的

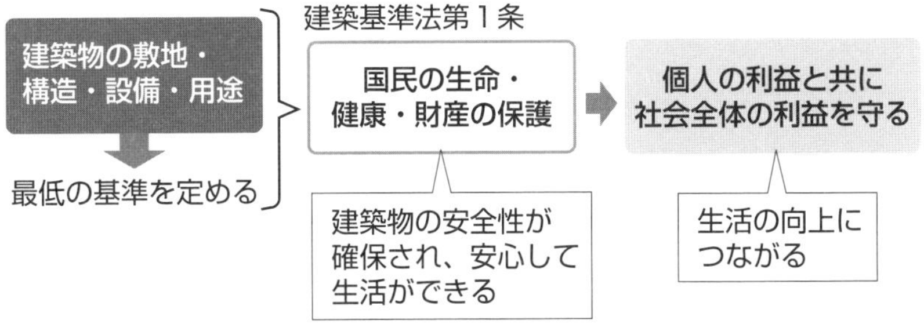

2 消防法とはどんな法律なのか

事前に消防法に定める基準を満たし、消防署の検査を受ける必要がある

消防法とは

消防法は、「火災の予防・警戒・鎮圧」を軸として建物などの規制を定める法律です。

火災は、出火元だけでなく周囲にある物や人にまで被害を及ぼす重大な災害です。民泊では多くの住宅が密集する場所に不特定多数の宿泊客が出入りする事業です。一方で自らの自宅で過ごす場合に比べ、宿泊客というのは防火に対する意識は消して高いとはいえません。

火災は、いつ発生するか予測したり、起こらないように予防することが困難な自然災害に比べ、事前の取り組みしだいで予防の効果が得られる災害であるとも言われていますので、建築物に対する措置や、宿泊客に対する対策などを講じることで、火災を予防できるといえます。消防法は、その目的を「火災を予防・警戒・鎮圧することによって社会公共の福祉の増進に資すること」としていますので、民泊においても消防法が非常に重要だと言われているわけです。

旅館業法による民泊であっても、住宅宿泊事業法による民泊であっても、事前に消防法に定める基準を満たし、消防署の検査を受けて「消防法令適合通知書」の交付を受けなければ、手続きをすることができないようになっています。

建築基準法と消防法の関係

消防法と建築基準法は確かに別の法律ですが、これらには密接

な関係があります。まず、建築基準法は、建築物の「敷地」「構造」「設備」「用途」に関する最低基準を定めている法律です。

一方で消防法は、火災を予防することや警戒、鎮圧することで火災や地震からの被害を軽減させることを目的としている法律です。

建築基準法では、建物などの最低基準を示し、避難のための廊下幅や歩行距離、内装仕様などを定めていますが、それだけでは、火災に対する措置としては不十分とされています。そこで消防法により、設備の設置基準や点検方法、防火管理者の有無、誘導灯や消火栓、警報器など、より火災対策に関する規定を詳細に定めています。

言いかえれば、建築基準法は建物の最低基準を定め、消防法は、運用上必要な細かな基準を定めているということになります。

なお、事業主が行政や審査機関に対して建築基準法に基づく確認や検査を行おうとする時は、建築物に関する計画が、その建築物に合った防火に関する規定に適合しているかについて、管轄の消防署長などの同意を得なければなりません。これを消防同意といいます。

■ 建築基準法と消防法の役割分担

建築基準法

建物個々に関するもの

耐火・準耐火建築物、防火区画
内装制限非常照明、排煙設備

建物と周辺の関係に関するもの

防火・準防火地域、用途地域

消 防 法

消防設備

消火栓・スプリンクラー等

防火管理

火気管理、設備等の維持管理
訓練等

3 用途地域について知っておこう

その場所に建てることができる建物の種類や用途に関する定め

どんな種類があるのか

用途地域とは、都市計画法によって、その場所に建てられている建物の種類や用途などを定めたものです。用途地域を知れば、その地域が将来どんな街並みになるかを予測したり、周囲環境も知ることができます。具体的な用途地域の種類は次ページ図の通りですが、大きく分けて、住居系、商業系、工業系の３つに分けられており、この用途地域と建築基準法などを連動させ、それぞれの地域の目的に応じた建築などの規制を行って、快適な都市空間を構築しようとしています。

住居系は主に住居の環境を保護するために定められる地域です。住居系の用途地域にあたるのは、（第１種・第２種）低層住居専用地域、田園住居地域、（第１種・第２種）中高層住居専用地域、（第１種・第２種）住居地域、準住居地域の８つです。

商業系は、主に商業その他の業務の利便性を増進するために定められる地域で、商業地域、近隣商業地域の２つです。工業系は主に工業の利便性を増進するために定められる地域で、準工業地域、工業地域、工業専用地域の３つです。

民泊を営む場合、従来からの方法としては、旅館業法に基づく許可を取得して経営するということが多く行われています。旅館業法が規定する要件は厳格で、また、関連法令に違反するようなことがあってはなりません。特に都市計画法が規定する用途地域について、旅館業法上の簡易宿所の許可を得ようとしても、旅館業を営むことが認められている地域でなければ、許可を取得することができず、違法な営業になってしまいます。なお、都市計画法が定める旅館業を営むことができる地域は、（第１種・第２種）住居地域、準住居地域、商業地域、近隣商業地域、準工業地域の６種類に限られます。住居地域とは、住環境を保護するために設定される地域ですが、商業用建物の混在も予定しているという特徴があります。

■ 用途地域の概略

	用途地域の種類	地域特性
住居系	①第１種低層住居専用地域	低層住宅に係る良好な住居の環境を保護するため定める地域
	②第２種低層住居専用地域	主として低層住宅に係る良好な住居の環境を保護するため定める地域
	③第１種中高層住居専用地域	中高層住宅に係る良好な住居の環境を保護するため定める地域
	④第２種中高層住居専用地域	主として中高層住宅に係る良好な住居の環境を保護するため定める地域
	⑤第１種住居地域	住居の環境を保護するため定める地域
	⑥第２種住居地域	主として住居の環境を保護するため定める地域
	⑦準住居地域	道路の沿道としての地域の特性にふさわしい業務の利便の増進を図りつつ、これと調和した住居の環境を保護するため定める地域
商業系	⑧近隣商業地域	近隣の住宅地の住民に対する日用品の供給を行うことを主たる内容とする商業その他の業務の利便を増進するため定める地域
	⑨商業地域	主として商業その他の業務の利便を増進するため定める地域
工業系	⑩準工業地域	主として環境の悪化をもたらすおそれのない工業の利便を増進するため定める地域
	⑪工業地域	主として工業の利便を増進するため定める地域
	⑫工業専用地域	工業の利便を増進するため定める地域

これに対して、住宅宿泊事業法に基づき届出を行えば、住居専用地域や工業地域であっても営業することが可能になります。こちらは旅館業法の基準よりも緩やかな基準をクリアすることで、民泊の経営を行うことができます。そして用途地域についても、本来、民泊は住居として用いている物件を利用して行うビジネスモデルですので、住居専用地域においても、民泊を営むことが可能になります。

用途地域や条例以外にも民泊が制限される地域がある

まず、重要なのは市街化調整区域です。用途地域はその場所に建てることができる建物の種類や用途に関する定めですが、市街化調整区域は、そもそも用途地域を定めず、市街化そのものを抑制するものです。

人が住むということ自体「属人性のある建築物」のみ例外的に認められているにすぎません(農業者用住宅や林業者用住宅など)。

そのことから、属人性のある建築物の「属人」、つまり、そこに住む農業者や林業者以外が住宅などに活用することが認められていません。

ただし、住宅宿泊事業は旅館やホテルではなく、住宅としての扱いとなるため、家主居住型に限り、認められるとされています。

その他、民泊が制限されるものとして「地区計画」と「建築協定」があります。「地区計画」は、住民の合意に基づき地区の特性にふさわしいまちづくりを誘導するための計画です。

「建築協定」は、建物や敷地などに関して、最低限の基準を定めるもので、町内会等の合意による「合意型」と団地等の開発許可に関連し協定が結ばれた「一人型」があります。地区計画や建築協定に「民泊禁止」が盛り込まれている場合、旅館業や住宅宿泊事業の営業は営業できないとされています。

4 防火対象物について知っておこう

各防火対象物には収容人員が定められている

民泊も防火対象物にあたる

防火対象物とは、消防法における火災予防の対象となる建築物等のことを指します。防火対象物は、その用途に応じてグループに分類され、グループごとに、消防用設備等の設置等に関して基準が定められています。防火対象物には、建築物だけでなく、船舶等や山林も含まれます。防火対象物は、大きく、「一般住宅」とそれ以外の「政令で定める防火対象物」とに分けられます。

各防火対象物には収容人員が定められます。収容人員とは、その防火対象物に出入りする人、勤務する人、居住する人の数をいいます。収容人員数の違いにより、避難器具等の設置や、防火管理者の選任の必要性が異なってきます。政令で定める防火対象物の種類は、図表（次ページ）のとおりですが、民泊の場合、旅館業の許可を受けるものは「(5)項イ」に該当します。防火対象物のうち、旅館などの防火対象物で、多数の人が出入するものを特定防火対象物といいます。

なお、住宅宿泊事業についても、「(5)項イ」の「旅館、ホテル、宿泊所その他これらに類するもの」として取り扱うとすることが2017年10月27日の消防庁からの通知で明らかにされています。ただし、家主居住型について宿泊室の床面積の合計が50㎡以下となるときは、通常の住宅「(5)項ロ」として取り扱うとされています。

■ 政令で定められている防火対象物（消防法施行令別表第一）…

⑴　イ 劇場、映画館、演芸場、観覧場、ロ 公会堂、集会場

⑵　イ キャバレー、ナイトクラブ等、ロ 遊技場、ダンスホール、ハ 性風俗関連特殊営業を営む店舗、ニ カラオケボックス等

⑶　イ 料理店等、ロ 飲食店

⑷　百貨店等、展示場

⑸　イ 旅館、ホテル等、ロ 寄宿舎、下宿、共同住宅

⑹　イ 病院、診療所、助産所、ロ 特別養護老人ホーム、有料老人ホーム（一部）、介護老人保健施設、障害児入所施設、障害者支援施設（一部）等、ハ 老人デイサービスセンター、有料老人ホーム（一部）、障害者支援施設（一部）、更生施設、保育所、児童養護施設、身体障害者福祉センター、ニ 幼稚園、特別支援学校

⑺　小学校、中学校、高等学校、高等専門学校、大学、専修学校等

⑻　図書館、博物館、美術館等

⑼　イ 蒸気浴場、熱気浴場等、ロ イで示した公衆浴場以外の公衆浴場

⑽　車両の停車場、船舶や航空機の発着場（一部）

⑾　神社、寺院、教会等

⑿　イ 工場、作業場、ロ 映画スタジオ、テレビスタジオ

⒀　イ 自動車車庫、駐車場、ロ 飛行機や回転翼航空機の格納庫

⒁　倉庫

⒂　⒁までの各項に該当しない事業場。

⒃　複合用途防火対象物（⑴～⒂までの用途のうちの、2つ以上の用途のある防火対象物）、イ その一部が⑴～⑷、⑸イ、⑹、⑼イの用途であるもの、ロ イ以外の複合用途防火対象物

(16の2)　地下街

(16の3)　連続して地下道に面している建築物の地階と、その地下道とを合わせたもの（⑴～⑷、⑸イ、⑹、⑼イの用途を含むもののみ）

⒄　重要文化財、史跡等。重要美術品として認定された建造物

⒅　50m以上の長さのアーケード

⒆　市町村長の指定する山林

⒇　総務省令で定める舟車

■ 防火対象物の収容人員の算定方法

項	建物の区分	収容人員の算定方法
(1)	劇場や集会場など	従業員の数、固定式のいす席の数などの客席数を合算する
(2)	遊技場	従業員の数、遊技器具を使って遊技を行える者の数、固定式のいす席の数を合算する
(3)	料理店や飲食店など	従業員の数や客席部分のいす席の数などを合算する
(4)	百貨店など	従業員の数や、従業員以外の者が使用する部分を一定の面積ごとに1人として計算した数を合算する
(5)	旅館やホテルなど	従業員の数、いす席の数、ベッド数などを合算する
	寄宿舎や下宿など	居住者の数によって算定
(6)	病院や診療所など	医師・歯科医師・助産師・看護師の数、病床の数などから算定
	養護老人ホーム、老人福祉センターなど	従業員の数や、老人、身体障害者の数などを合算する
	幼稚園や特別支援学校	教職員や幼児、児童の数などを合算する
(7)	小学校、中学校など	教職員や生徒の数などを合算する
(8)	図書館、博物館、美術館など	従業員の数と、閲覧室や展示室などの部分を一定の面積ごとに1人として計算した数を合算する
(9)	公衆浴場や蒸気浴場など	従業員の数と、浴場・脱衣場・マッサージ室などの部分を一定の面積ごとに1人として計算した数を合算する
(10)	車両の停車場や航空機の発着場など	従業員の数
(11)	神社や教会など	僧侶や牧師などの数と、礼拝場・集会場の部分を一定の面積ごとに1人として計算した数を合算する
(12)	工場やスタジオなど	従業員の数
(13)	車庫や特殊格納庫など	従業員の数
(14)	倉庫	従業員の数
(15)	事業場(事務所)	従業員の数と、従業員以外の者が使用する部分を一定の面積ごとに1人として計算した数を合算する
(16)	複合用途防火対象物や地下街	各用途部分ごとに分割して、それぞれの用途ごとに人員を算定して、それを合算する
(17)	文化財	床面積 5.0 ㎡ごとに1人

5 防火管理者について知っておこう

民泊の管理者との違いを理解する

民泊の管理者と防火管理者は何が違うのか

民泊の管理者は、旅館業法に基づくものであっても、住宅宿泊事業法に基づくものであっても、宿泊者のチェックアウト後の清掃や、消耗品の補充、リネン類の交換、宿泊に関する問い合わせ対応、チェックイン（鍵の受け渡し）、代金収受、設備使用説明など宿泊事業の運営管理の肝にあたる作業を行う者を指します。

一方で、防火管理者ですが、旅館やホテルといった「不特定多数の者が出入したり、勤務するような建築物（消防法では、これを防火対象物といいます）では、火災が起こった場合、消火活動や避難行動がスムーズに行われず、重大な被害が生じる可能性が高くなります。

そこで消防法により、一定の基準を満たす防火対象物に消防計画の作成や消火・避難訓練の実施、消火活動に必要な施設の点検や整備をする防火管理者を設置し、業務を行う義務を課しています。

防火対象物は、建築物の種類に応じて規制内容を区分けしていますが、旅館やホテル、宿泊所では、建築物の収容人員が30名以上（従業員も含めた人数を指します）の場合に、防火管理者を選任しなければなりません。

また、消防法では建築物の種類ごとに異なる面積要件を設けて「甲種防火対象物」と「乙種防火対象物」に区分しています。

旅館やホテル、宿泊所では、床面積300㎡以上を「甲種防火対象物」、床面積300㎡未満を「乙種防火対象物」としていますので、選任する防火管理者も床面積300㎡以上であれば、甲種の防火管理講習を修了した者、床面積300㎡未満であれば、乙種の防火管理講習を修了した者から選任しなければなりませんので、注意が必要です。

このように旅館業法や住宅宿泊事業法でいう管理者と、消防法でいう防火管理者は名称が似ていても、まったく別の役割を持った者ということができます。

なお、住宅宿泊事業法では、住宅宿泊事業者から委託を受けた住宅宿泊管理業者から、さらに委託を受けて管理業務のうち事実行為の一部を行うことは、住宅宿泊管理業者には該当しない（住宅宿泊管理業の登録が不要）とされています。

その他の場合にも、家主居住型（法律上は住宅宿泊管理業者への委託義務がない）の住宅宿泊事業者から施設（住宅）の清掃等を事実行為として委託された場合も住宅宿泊管理業者にはあたらないとされています。

このことから、住宅宿泊事業法で定める管理者とは、管理対象に対する管理業務の責任を持つか否か、ということだと考えられています。

これは、旅館業法における管理者や、消防法における防火管理者も同様で、旅館業法では「施設の衛生上の維持管理責任」が事業者（あるいは事業者から委託を受けた管理者）側にあるとされており、防火管理者についても「防火管理上必要な業務（防火管理業務）を計画的に行う責任者をいう」とされています。

6 耐火建築物について知っておこう

主要構造部や開口部が一定の防火性能を有する建築物

一定の基準を満たさないとホテルや旅館に活用できない

たとえば、戸建てを民泊に活用しようと思い、消防署に相談したところ、「3階建ては耐火建築物しか行えない」と言われることがあります。これはどのような意味なのでしょうか。

建築基準法により、「3階建以上」で「延べ床面積200㎡以上」の建築物は、一定の基準を満たさないとホテルや旅館に活用することができません。具体的には「屋内空間を分けている壁を準耐火構造にし、小屋裏か天井裏に達している」「建物を耐火建築物にする」「主要構造部が準耐火構造や不燃材料の場合、2つ以上の直通階段をつける、居室から階段までの距離を30m以下にする」などの基準に適合する必要があります。他にも「客室の床面積の合計が200㎡を越える場合、中廊下1.6m以上、片廊下1.2m以上、屋内階段幅120cm以上、けあげ20cm以下、踏面24cm以上とする」などがあります。これらの一例として消防署では、耐火建築物が挙げられたものと考えられます（2019年6月の建築基準法改正により設けられた緩和基準については226ページ以降参照)。

なお、長屋（連棟）や共同住宅の各戸の界壁も準耐火構造として、小屋裏か天井裏に達しているものである必要があります。

耐火建築物とは

主要構造部が耐火構造である建物や、屋内で発生した火災や周囲で発生した火災の熱によっても主要構造部が耐えることができる性能をもっている建物のことを耐火建築物といいます。どちらの場合でも、延焼のおそれのある外壁の開口部には遮炎性能をもつ設備を設けることが必要です。

耐火建築物であれば、屋内で火災が発生したケースや、その建物の周辺で火災が発生したケースで、延焼することはありません。

また、火災によって建物が倒壊したり、建物自体が極端に変形するということもありません。

耐火構造とは

火災が収まるまで建物が倒壊・延焼しない性能（耐火性能）をもつ建築物の構造のことを耐火構造といいます。耐火性能は、非損傷性、遮熱性、遮炎性の３つを合わせたものになります。このうち、非損傷性とは、柱や壁などに対して火災による火熱が一定

■ 耐火建築物にあたるかどうか

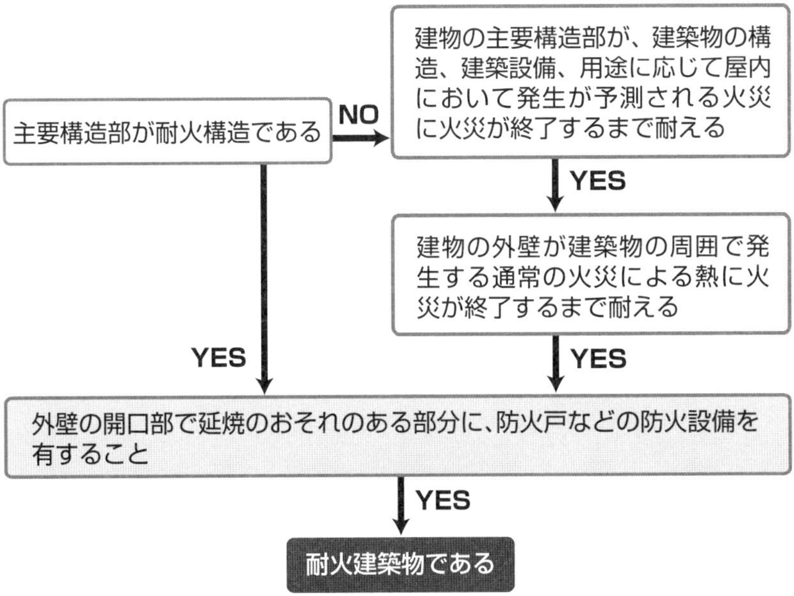

時間加えられた場合に、変形や溶融などの損傷が生じない性能のことをいいます。

遮熱性とは、壁や床に火災による熱が一定時間加えられた場合に、加熱面以外の面が可燃物が燃焼する温度以上に上昇しない性質のことをいいます。

遮炎性とは、外壁や屋根が、屋内で発生した火災による火熱が一定時間加えられた場合に屋外に火炎を出すような亀裂を生じない性質のことをいいます。

これらの性能をもちあわせることで、建物が耐火構造をもつこ

■ 耐火構造にあたるかどうか

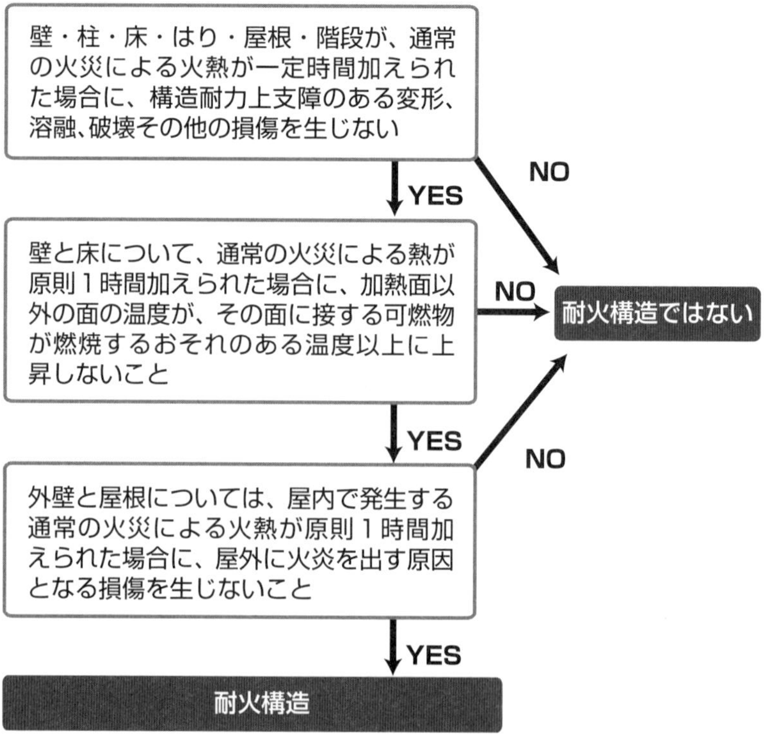

とになります。具体的には、たとえば、間仕切壁の構造について、「鉄筋コンクリート造、鉄骨鉄筋コンクリート造や鉄骨コンクリート造で厚さが10cm以上のもの」などと定められています。

準耐火建築物と準耐火構造

主要構造部が準耐火構造であるか、準耐火性能をもち、主要構造部に防火上の措置がなされた建物で、外壁の開口部で延焼のおそれのある部分に遮炎性能をもち、防火設備が備えられたものを準耐火建築物といいます。

■ 準耐火構造にあたるかどうか

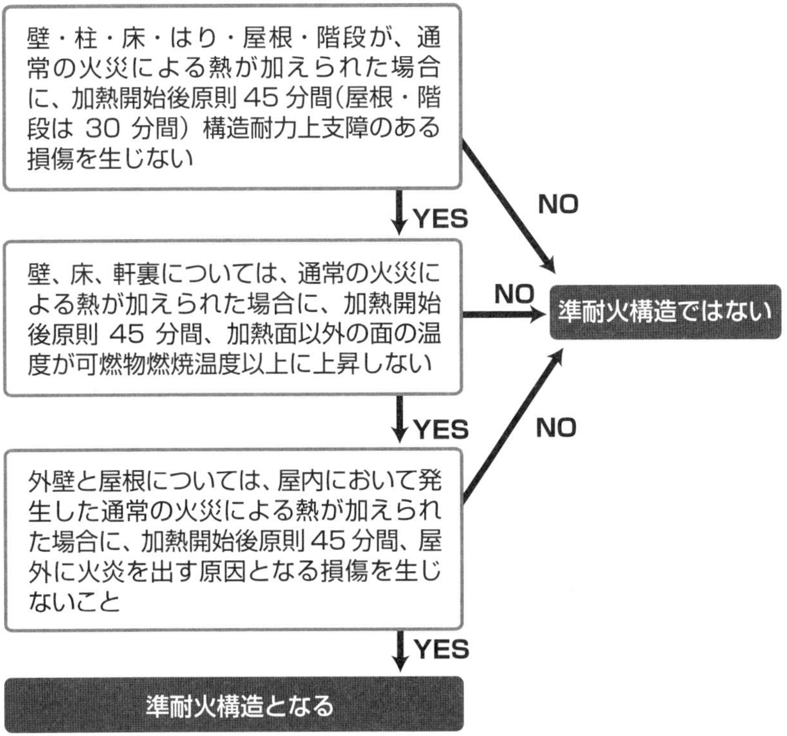

また、壁や柱などが火災による延焼を抑制する準耐火性能をもっている構造のことを準耐火構造といいます。準耐火性能があるかどうかは、耐火性能と同様に非損傷性、遮熱性、遮炎性の3つの基準から判断されます。

長屋（連棟）では、民泊がしにくいのはなぜか

長屋（連棟）は、1つの建物を壁で区切って複数の住戸とする構造になっており、それぞれの住戸と住戸の界壁が共有されています。このことから、長屋（連棟）の一部で宿泊事業をはじめることで、消防法上は全体を一つの防火対象物として扱うことになるため、長屋（連棟）全体に消防設備の設置義務が発生します。そのため、事実上、長屋（連棟）における民泊は難しいと言われているわけです。

ただし、自治体によっては、長屋（連棟）に対する消防設備設置の特例を定めている場合もあります。たとえば、京都市では宿泊事業を行おうとする部屋と、その他の部屋（住戸）の界壁が準耐火構造の場合、あるいは、21㎜の石膏ボードを小屋裏か天井裏まで達する工事を行えば、その他の部屋（住戸）については、消防設備設置をしなくてもよいという特例を定めています。

■ 京都市の特例

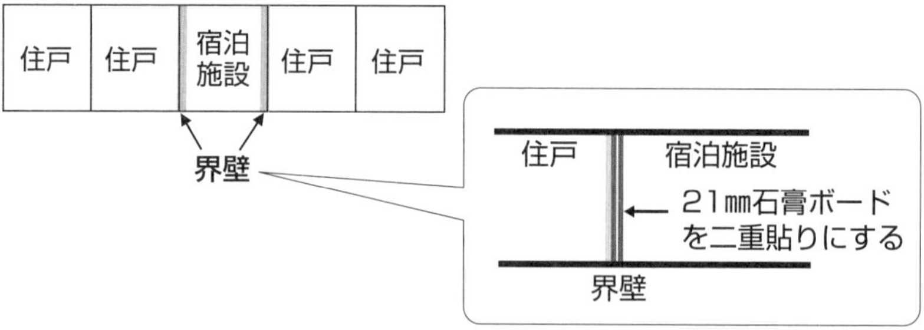

7 消防設備について知っておこう

規模によって必要な設備が異なる

どんなものを準備すればよいのか

旅館業や住宅宿泊事業をはじめる際に必要となる消防設備等は、その規模によって大きく異なります。

まず、消防法上の消防用設備ですが、大きく分けて警報設備、消火設備、避難設備の３つがあります。

・警報設備

自動火災報知設備、ガス漏れ火災警報設備、漏電火災警報器、消防機関へ通報する火災報知設備、非常警報器具・非常警報設備（非常ベル、自動式サイレン、放送設備）があります。

・消火設備

消火器・簡易消火用具、屋内消火栓設備、スプリンクラー設備、水噴霧消火設備、泡消火設備、不活性ガス消火設備、ハロゲン化物消火設備、粉末消火設備、屋外消火栓設備、動力消防ポンプ設備があります。

・避難設備

避難器具（滑り台、避難はしご、救助袋など）、誘導灯・誘導標識があります。このうち、消防法上の設置として、民泊関連で必ず必要になるのは、警報設備の「自動火災報知設備」と、避難設備の「誘導灯」です。

「自動火災報知設備」とは、火災が発生した場合に火災による熱、煙、炎などを感知し、火災信号を発信することで受信機から警報が発されるしくみをもつ設備です。

「誘導灯」は、非常時に安全に屋外に避難できるために、扉付近や避難口に通じる通路に設置する標識をいいます。他に、建築基準法上の設置義務として非常照明も必須といえます。ややこしいですが、非常照明の設置基規定は建築基準法にあり、定期的な点検義務は消防法の規定で定められています。よく聞く消火器の設置義務は、本当は床面積150㎡以上の場合となっていますが、火災時の初期消火にも役立つため、任意に設置しておくことが多いようです。

なお、床面積300㎡未満の場合は、特定小規模施設の特例があり、「自動火災報知設備」を受信機や配線が不要な無線式の感知器とすることができます。一般的な戸建て（２階建て）の場合で約30万円～50万円で導入できます。

民泊を行う際に必要とされる非常用照明とは

非常用照明は、宿泊施設など不特定多数の人が出入りする施設で、火災などにより停電した際も速やかに安全に避難できるように部屋や通路に配置するよう義務付けられるもので、停電時でも一定の照度を保つ照明装置をいいます。

非常用照明装置の設置が義務付けられる建物の居室は、宿泊施設に限らず、①劇場、病院、学校、百貨店などの特殊建築物とよばれる建物の居室、②階数が３以上で、延べ面積が500㎡超の建築物の居室、③採光上有効な開口部の面積が居室の床面積の20分の１以下の居室、④延べ面積が1,000㎡超の建築物の居室です。また、これらの居室から地上へと至る廊下、階段などの通路などにも、非常用照明装置の設置が義務付けられています。

ただし、以下の建築物、建築物の部分は、非常用照明装置の設置義務はありません。

・民泊をしない一戸建て住宅、長屋や共同住宅の住戸
・病院の病室、下宿・寄宿舎の寝室等の居室

・学校など
・避難階、避難階の直上階、避難階の直下階で、避難上問題がないものなど

非常用照明の設置基準など

非常用照明とは、災害時などに停電した際、人々を速やかに避難できるよう居室に設けるバッテリー等で灯火する照明装置です。まず、大前提として住宅宿泊事業の届出を行う場合は、建物の用途が「住宅」のままのため、家主居住型で宿泊室の面積が50㎡以下の場合は、非常用照明の設置は免除されます。それ以外の場合

■ 主な消防設備の設置基準

基　準	非常用照明	自動火災報知設備	誘導灯	消火器
民泊部分が建物全体の半分未満で延べ床面積 50 ㎡未満	不要	建物全体に住宅用	不要	不要
民泊部分が建物全体の半分で延べ床面積 50 ㎡超	必要	宿泊部分に特定小規模施設用	必要	不要
民泊部分が建物全体の半分で延べ床面積 150 ㎡超	必要	宿泊部分に特定小規模施設用	必要	必要
民泊部分が建物全体の半分超	必要	建物全体に特定小規模施設用	必要	不要
民泊部分が建物全体の半分超で延べ床面積 150 ㎡超	必要	建物全体に特定小規模施設用	必要	必要
民泊部分が建物全体の半分で延べ床面積 300 ㎡超	必要	宿泊部分に通常自動火災報知設備	必要	必要
民泊部分が建物全体の半分超で延べ床面積 300 ㎡超	必要	建物全体に通常自動火災報知設備	必要	必要

や、旅館業の許可を受ける場合は、各部屋や通路ごとに非常用照明の設置が必要か否かの判断が必要です。

以下は、国土交通省の定める「民泊の安全措置の手引き」に基づいて、簡単に設置基準を説明します。

・通路や階段などに非常用照明の設置が必要か否かの基準

通路や階段は「採光上有効に直接外気に開放」されていれば、非常用照明が不要となります。「採光上有効に直接外気に開放」とは、外気に解放された廊下等で排煙上、支障のない状態で外気に解放されているものをいいます。

・宿泊室（寝室）に非常用照明の設置が必要か否かの基準

宿泊室（寝室）が以下の３点すべてに該当する場合は、宿泊室（寝室）に非常用照明の設置は不要となります。

① 避難階（直接地上へ通じる出入口がある階）や、避難階の直上・直下の階の部屋

② 有効な光の採れる窓などの面積合計が、該当する部屋の床面積20分の１以上

③ 避難階の部屋の場合、屋外の出入口までの歩行距離が30m以下避難階の直上・直下の場合、屋外の出入口までの歩行距離が20m以下

上記の３つに該当しない場合でも、床面積の合計が30㎡以下の居室で地上までの出入口を有する場合あるいは、地上までの出入口に通じる通路や廊下など「採光上有効に直接外気に開放」されている場合や非常用照明がある場合は、当該30㎡以下の居室に非常用照明は不要とされています。

なお、非常用照明の設置が必要な場合、民泊をはじめようと考える人は、自分で工事をしようとするかもしれませんが、電気工事法により、電気工事士の資格がない者が電気の配線やコンセント配置などをすることは禁止されています。

■ 宿泊室に非常用照明の設置が必要か否かの判断

避難階	採光	屋外の出入口までの歩行距離	床面積の合計	非常用照明
避難階・避難階の直上や直下以外	ー	ー	30㎡超	必要※
避難階・避難階の直上や直下以外	ー	ー	30㎡以下	必要※
避難階	床面積の20分の1未満	ー	30㎡超	必要※
避難階	床面積の20分の1以上	屋外出入口まで30m を超える	30㎡超	必要※
避難階	床面積の20分の1以上	屋外出入口まで30m 以下	30㎡超	不要
避難階の直上・直下	床面積の20分の1未満	ー	30㎡超	必要※
避難階の直上・直下	床面積の20分の1以上	屋外出入口まで20m を超える	30㎡超	必要※
避難階の直上・直下	床面積の20分の1以上	屋外出入口まで20m 以下	30㎡超	不要

※床面積の合計が 30 ㎡以下で地上出入口を有する or 地上出入口に通じる通路等が直接外気に開放されている場合は不要

8 建築確認について知っておこう

用途変更の確認申請が必要

建築確認とは

建築確認とは、建築物が建築基準法や建物を建てる際のさまざまな規制を守っているかどうかを、建物を建てる前に行政が事前にチェックをする制度です。また、すでに建築済の建物などが、建築時に建物用途以外の用途に利用する場合も「用途変更の確認申請」が必要になります。民泊で関係するのは、用途変更です。具体的には、「住宅」や「共同住宅」を「ホテル又は旅館」に用途変更するケースです（住宅宿泊事業法では、建物用途を「住宅」や「共同住宅」のまま宿泊事業が行えます）。建築確認は、建築主事や指定確認検査機関が行います。建築主事は、建築基準適合判定資格者で登録者のうち、都道府県知事や市町村長により任命された地方公共団体の職員がなります。また、指定確認検査機関とは、国や都道府県の指定を受けた民間の団体のことです。

なお、よく用途面積が200㎡未満であれば、用途変更が不要であると誤解されることが多いのですが、この場合でも用途変更に該当します。200㎡未満では、確認申請という手続きが不要になるだけですので、用途変更に合わせた安全基準への適合（建築基準法の遵守）は避けることができないことに注意が必要です。

建築基準法の確認申請の基準の緩和について

一般的に建物用途を「住宅」から「ホテル又は旅館」に変更するなど、建物の用途変更をする際に、用途変更の確認申請という手続きが必要になります。一方で、用途変更する面積が200㎡に満たない場合、この手続きを省略することができます（建築基準は現行法に適合させないといけないのは変わりありません）。この200㎡という基準は2019年６月の建築基準法改正で、100㎡から200㎡に変更（緩和）されたもので、この改正により、改修されうる空き家が大幅に増えることで、ホテル・旅館や簡易宿所などの旅館業取得のハードルはさらに下がったといえます。

なお、この用途変更面積の基準以外にも、戸建住宅等（延べ面積200㎡未満で３階建て以下）を旅館など他の用途とする場合に、宿泊者が迅速に避難できる措置を講じられるのであれば、耐火建築物等とすることが不要になります（234ページ）。これまで３階建ての木造住宅を旅館に用途変更することが困難でしたが、少なくとも耐火構造という条件については軽減されたことになります。

■ 建築確認の必要な建築物（原則）

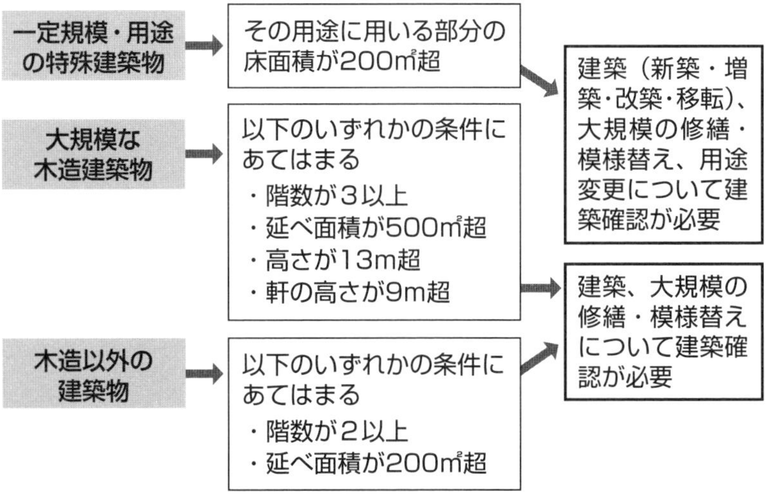

※防火地域・準防火地域外において建築物を増築・改築・移転しようとする場合で、その増築・改築・移転をする部分の床面積の合計が 10 ㎡以内の場合は、建築確認が不要である。

9 用途変更について知っておこう

建ぺい率や容積率には注意が必要

住宅を「ホテルまたは旅館」に用途変更する際の注意点

用途面積が200㎡未満であると200㎡以上であるとにかかわらず、「住宅」から「ホテル又は旅館」に用途変更する場合は、多くの注意点が発生します。

自治体によって、若干の取扱いは異なりますが、「住宅」から「ホテル又は旅館」に用途変更する場合、主に以下のような適合義務が課されます。

・耐火性能の確保
・排煙設備の設置
・非常用照明装置の設置
・階段の寸法、手すりの設置など
・廊下の幅
・間仕切壁の仕様（準耐火構造等の壁を天井裏まで達すこと）
・面積等により２以上の直通階段設置

建ぺい率や容積率の問題

用途変更によって新しい基準に適合させるのが困難になりやすいのが建ぺい率や容積率です。

建ぺい率とは、「敷地に対する建築面積の割合」で、容積率は「敷地面積に対する建築物の延べ面積の割合」です。

これらの割合は土地ごとに法的に定められています。たとえば、敷地面積が100㎡で建ぺい率が60%、容積率が100%と定められている地域にある建物を民泊に活用する場合、建築面積（建物を上から見たときの土地に対する建物の割合）が60㎡までの建物であるか確認しなければなりません。

また、２階建ての場合、各階の床面積が50㎡以内、３階建ての場合１階あたりの床面積が33㎡以内かを確認する必要があります。

建ぺい率や容積率は土地ごとに決まっているのだから、超えているわけがないと思われがちですが、古い建物の場合は、すでに建物が建ってから、建ぺ率や容積率に変更が加えられている既存不適各物件があります。

また、前の建物の所有者が建築確認をせずに行った増築などが建ぺい率や容積率を超えることになってしまった場合もあります(こちらは既存不適格ではなく、違法建築物です)。

東京都内にもありますが、大阪府内、京都市内などでは古い住宅が多い分、こういった建ぺい率・容積率オーバーの既存不適格建築物が結構たくさんあります。

住宅から宿泊施設に用途変更すると、たちまち違法建築物となってしまいますので、注意が必要です。

■ 建ぺい率と容積率のイメージ

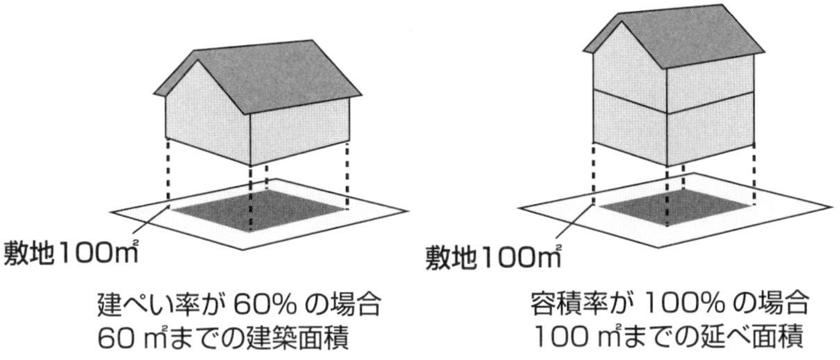

10 道路と接道義務について知っておこう

建築基準法上の道路にあたる場合には接道義務が問題になる

接道義務とは

接道義務自体は、民泊に限らない話でもありますが、建築基準法では、ホテルや旅館などの建物は幅員４m以上の道路に２m以上面していることが求められています（建築基準法43条１項）。通常の住宅であれば、この条件を満たしていなくても、問題はありませんが、旅館業を営む際に建物が「住宅」から「ホテル又は旅館」に用途が変更されるために接道義務が問題になります（住宅宿泊事業では、用途変更にあたりません）。

接道義務が課せられる理由は、道路が防災活動や避難活動の手段となることや、道路が日照・通風の確保等、生活をする上で重要な役割を担っているためで、道幅も狭く、私道などの路地奥にあるような建物で旅館業を営むことはできません。

ただし、接道条件を満たしていない場合や、私道に接している路地奥にある建物であっても、自治体の条例などで例外的に旅館業が認められる場合もあります。たとえば、京都市では私道である路地の幅員が1.5m以上あり、昭和25年５月以前から存在する建物等の一定の要件を満たせば旅館業が認められます。また、接道義務を考える際、建物が幅員４m以上の道路に２m以上面しているということ以外に、そもそも前面道路が、建築基準法上の道路に該当するか否かの確認も重要です。

道路とは

道路の定義には、細かく言うと道路法に定める道路や、道路交通法に定める道路、刑法に定める道路など、さまざまなものがあるためです。以下、建築基準法上の道路を個別に説明します。

建築基準法上の道路は、以下の①～⑥のどれかにあたる道路のことを指します。①～⑤の道路は、どれも幅員４m以上を要する場合であるのに対し、⑥の道路は、幅員４m未満であっても建築基準法上の道路となる場合です。敷地に接する道路が建築基準法上の道路に該当しなければ、自宅やマンションなどを建築できません。敷地に接する道路が建築基準法上の道路であるかどうかは非常に重要です。

①　道路法による道路（建築基準法42条１項１号）

建築基準法上の道路の原則となるのが、幅員４m以上の道路法による道路です。具体的には、幅員４m以上の一般国道・都道府県道・市町村道が該当します。４m以上の幅員がなければ、道路法による道路であっても、建築基準法上の道路としては認めてもらえません。４mの数値は、車がすれ違うために最低限必要で、緊急時に消防車や救急車が通行可能とするための幅員だといえます。道路の幅員を確保することで、居住者の安全を守ろうとしているのです。その他、採光や通風を確保する観点からも、道路の幅員を確保することは必要なことだと考えられます。

②　都市計画法などによる道路（建築基準法42条１項２号）

幅員４m以上の都市計画法、土地区画整理法、都市再開発法、新都市基盤整備法などによる道路です。開発許可や許認可などを受けて造られた幅員４m以上の道路が該当します。

③　既存道路（建築基準法42条１項３号）

都市計画区域・準都市計画区域の指定・変更や、地方自治体による条例の制定・改正により、建築基準法の規定が適用されるに至った時点で、現に存在する幅員４m以上の道を指します。昔からある農道などが該当します。都市計画区域の指定などの時期については、地域により異なるので注意が必要です。

④　事業執行予定道路（建築基準法42条１項４号）

道路法・都市計画法・土地区画整理法・都市再開発法などによる事業計画のある幅員４m以上の道路で、２年以内に事業執行予定のものとして特定行政庁が指定したものを指します。

⑤　位置指定道路（建築基準法42条１項５号）

土地を建築物の敷地として利用するため、道路法・都市計画法・土地区画整理法・都市再開発法などによらないで造る幅員４m以上の道であって、特定行政庁による位置の指定を受けたものを指します。位置指定道路は、敷地の所有者などが設ける私道であるのが原則で、その敷地に建築物を建てるために設けられます。

位置指定道路となるためには、原則として両端が他の道路に接していること（通り抜け道路）が必要です。ただし、袋路状道路（行き止まり道路）の場合は、幅員が６m以上であること、または幅員が６m未満である場合には長さが35m以下であること（車が転回する広場を設けた場合を除く）、といった条件を満たすことが必要です。

その他、同一平面で交差・接続する場所は、角地に隅切りを設けることが必要です。隅切り部分は、道路法における道路でなければ、敷地面積に算入しますが、建築物を建てることはできません。

⑥　２項道路（建築基準法42条２項）

都市計画区域・準都市計画区域の指定・変更などによって、建築基準法の規定が適用されるに至った時点で、すでに建築物が立ち並んでいる幅員1.8m以上４m未満の道で、特定行政庁が指定したものを指します。２項道路にあたる場合には、道路の中心線から左右２mずつセットバック（後退）した線が道路境界線とみなされます。

そして、セットバックした部分（後退部分）には、新たに建築物を築造することができなくなります。たとえば、建物に接する道が２項道路に指定されたとします。この場合、すでに建物や塀などが後退部分に建っていれば、それを取り壊す必要はありません。しかし、建物や塀などが地震や火災などで滅失した後は、後退部分に再築できなくなってしまいます。さらに、容積率や建ぺい率を計算する上で、後退部分は敷地面積に算入されません。

このように、２項道路の指定は、建築物が建っている敷地の利用を大きく制約し、最終的には道路として利用されるため、住宅などの購入を検討するときには、その敷地に面している道路が２項道路かどうかについて、事前に地方自治体の窓口で調査することが必要不可欠です。一方、購入後に住宅などに面する道が２項道路に指定される場合もあります。この指定に不服があれば、行政不服審査の手続きをすることや、裁判所に訴えを提起して争うことが考えられます。

■ 接道状況ごとの旅館業の可否

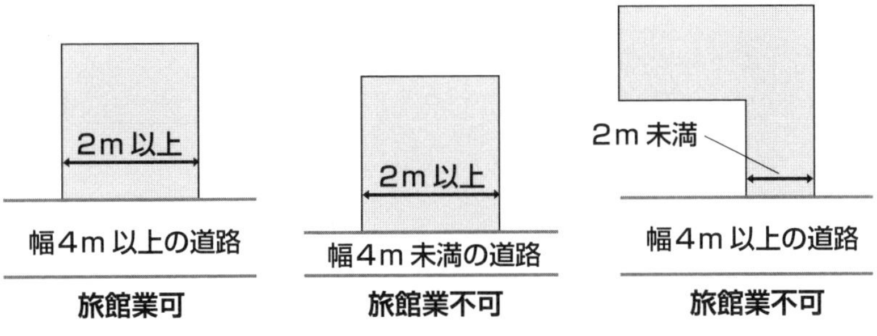

11 3階建ての住宅を他用途に転用する場合の規制見直し

3階建ての住宅を民泊にする場合の規制見直し

空き家を活用する際に他用途への転用がしやすくなった

2019年6月の建築基準法改正では、用途変更時の確認申請対象面積が100㎡から200㎡に緩和されるなど、空き家を活用する際に他用途への転用をしやすくすることを前提とした改正が行われました。

わが国の空き家数は800万戸以上とされていますが、そのうちの3割が戸建て住宅となっており、さらにその9割が200㎡未満の戸建て住宅とされていたからです。

しかし、戸建ての中でも半数以上が3階建てとされているため、用途変更時の確認申請対象面積の緩和以外に必要となったのが、3階建ての住宅を他用途に転用する場合の規制見直しです。

耐火建築物としなければならない建築物の例外

従来は、集会場、病院、ホテル、旅館といった不特定多数の者が使用する建物（特殊建築物）は階数3以上になると耐火建築物としなければなりませんでした。

宿泊施設に用途変更しようとする建物が3階建ての場合、3階を宿泊室として使えなかったのですが、今回の改正で延べ床面積が200㎡未満の3階建てまで（小規模建築物ともいいます）であれば一定の構造や一定の技術的基準を満たせば、耐火建築物でなくとも、宿泊施設とすることが可能になりました。

一定の構造とは何か

小規模建築物を特殊建築物に該当する用途に変更する際に、耐火建築物でなくてもよい一定の構造とは何かですが、これは、「階段や吹き抜けなどに間仕切り壁あるいは戸（遮煙性能）による区画を設けること」です。これを小規模なホテル・旅館における「竪穴区画」といったりもします。

竪穴区画を簡単にいうと、階段や吹抜けなど階の上下に通じている空間（竪穴）とその他の部分を区画することで、火災時の延焼や煙の拡大を防げる構造とすることとなります。

この区画を行う間仕切り壁や戸ですが、間仕切り壁の場合、両面に厚さ9.5㎜以上の石こうボードを張ったものでよいとされており、戸については、フラッシュ戸などの遮煙性能を有する戸で常時閉鎖している構造か、煙感知器によって自動閉鎖する構造とされています。フラッシュ戸とは、戸にガラスなどのない平らな表面板のみでできた戸をいいます。

一定の技術的基準とは何か

３階建てで延べ面積が200㎡未満のうち、耐火建築物を要しないための一定の技術的基準について、国土交通省は「火災時に避難の遅れが生じないよう警報設備を設けたもの」としています。

この場合の警報設備は具体的には「自動火災報知設備」または「特定小規模施設用自動火災報知設備」が該当します。

火災報知器とは天井に設置されている消防設備で、熱や煙を感知して火災の発生を知らせる装置です。感知器と受信機からできており、火災時の宿泊者に対する警告・警報の役割を担います。

12 住宅宿泊事業における安全措置とは

住宅宿泊事業は旅館業とは安全措置の根拠が異なる

住宅宿泊事業は建築基準法上のホテル・旅館ではない

住宅宿泊事業の届出を経て民泊をする際に、多く見受けられる誤解のひとつが、旅館業の許可を受ける時のような建築基準法上の構造基準が該当すると思われていることです。

この考えは、ある一面では正解なのですが、原則として誤った認識だといえます。そもそも、住宅宿泊事業は旅館業とは異なり建築基準法上の「住宅」「長屋」「共同住宅」「寄宿舎」といった、住宅を活用して宿泊事業を行うことを認めた法律であり、決して建築基準法上の「ホテル・旅館」で届出することはできません(ホテル・旅館は居住要件を満たさない)。

したがって建築基準法の観点では、住宅宿泊事業を行う住宅はあくまで一般的な住宅と同程度の建築基準法上の構造基準に適合していればよいこととなります。

住宅宿泊事業法上の安全措置

住宅宿泊事業では、建築基準法上の「ホテル・旅館」レベルの構造基準は求められませんが、一方で住宅宿泊事業法６条で宿泊施設の安全措置として「非常用照明器具の設置方法」と「宿泊者の安全の確保を図るために必要な措置」を実施することが求められています。

この詳細は、「国土交通省関係住宅宿泊事業法施行規則（１条１号、３号)」と「非常用照明器具の設置方法及び火災その他の災害が発生した場合における宿泊者の安全の確保を図るために必要な措置を定める件」において説明されています。具体的には「非常用照明の設置基準」「防火の区画の要否」「届出住宅の規模に応じた安全措置」が記載されています。したがって、住宅宿泊事業は、原則としては住宅と同程度の構造基準でかまいませんが、住宅宿泊事業法６条に基づく「非常用照明の設置基準」「防火の区画の要否」「届出住宅の規模に応じた安全措置」はクリアしなければなりません（47ページにチェックリスト参照）。

非常用照明の設置基準

非常用照明の設置は、宿泊室の床面積が50㎡以下の家主居住型の場合は不要とされています。それ以外の場合は外気に解放された通路（外廊下等）や「避難通路・居室」以外の室で、玄関から一定の距離にある部分には非常用照明の設置が必要になっています（その他、詳細は223ページ以降参照）。

防火の区画の要否

防火の区画も宿泊室の床面積合計が50㎡以下の家主居住型であれば、不要です。また、届出住宅に複数のグループを宿泊させない場合も防火の区画は不要です。それ以外の場合は、宿泊室と避難経路の間を準耐火構造の壁で区画することや、隣接する２以上の宿泊室の床面積の合計が100㎡を超える場合には100㎡以内ごとに準耐火構造の壁で区画することなどが必要です。

届出住宅の規模に応じた安全措置

２階以上で各階の宿泊室床面積合計が100㎡以上の場合は、２以上の直通階段が必要となります。３階以上を宿泊者に使用させる場合に、届出住宅を耐火建築物とするなど、建築基準法をある程度、踏襲した措置が求められます。

索　引

【監修者紹介】

服部　真和（はっとり　まさかず）

1979年生まれ。京都府出身、中央大学法学部卒業。京都府行政書士会所属（常任理事）特定行政書士。日本行政書士会連合会 理事・行政書士制度調査室員。服部行政法務事務所所長。経済産業省認定 経営革新等支援機関。総務省 電子政府推進員。シドーコンサルティング株式会社 代表取締役。一般社団法人民泊観光協会 監事。NPO法人京都カプスサポートセンター 理事長。京都市「民泊」地域支援アドバイザー。
ギター弾きとITコーディネータの兼業という異色の経歴から、行政書士に転向する。ソフトウェアやコンテンツなどクリエイティブな側面における権利関係を適切に処理する契約書や諸規程の作成を得意とする。公的融資や補助金を活用した資金調達をはじめ、資金繰り・経営改善支援、その他許可申請などの行政手続きを通して企業活動のサポートを行っている。
監修書に『最新版　許認可手続きと申請書類の書き方』『宅建業申請から民泊、農地まで　不動産ビジネスのための許認可のしくみと手続き』『記載例つき　民泊ビジネス運営のための住宅宿泊事業法と旅館業法のしくみと手続き』『図解とQ&Aでわかる　住宅宿泊事業法のしくみと民泊の法律問題解決マニュアル』など（小社刊）がある。

服部行政法務事務所
http://www.gyoseihoumu.com/

事業者必携
民泊ビジネスのための
手続【届出・登録・許可申請】と書式実践マニュアル

2020年１月30日　第１刷発行
2023年12月30日　第２刷発行

監修者　服部《はっとり》真和《まさかず》
発行者　前田俊秀
発行所　株式会社三修社
〒150-0001　東京都渋谷区神宮前2-2-22
TEL　03-3405-4511　FAX　03-3405-4522
振替　00190-9-72758
http://www.sanshusha.co.jp
編集担当　北村英治
印刷所　萩原印刷株式会社
製本所　牧製本印刷株式会社

ISBN978-4-384-04833-9 C2032